图书在版编目（CIP）数据

瓜分波兰:不理性共谋、地缘争霸、欧洲革命与民族消亡 /（英）乔治·肖-勒费弗著 ; 王静译. --北京 : 中国画报出版社, 2018.7
（中画史鉴）
ISBN 978-7-5146-1627-9

Ⅰ. ①瓜… Ⅱ. ①乔… ②王… Ⅲ. ①波兰—历史
Ⅳ. ①K513.0

中国版本图书馆CIP数据核字(2018)第102411号

瓜分波兰：不理性共谋、地缘争霸、欧洲革命与民族消亡
[英] 乔治·肖-勒费弗 著　　王静 译

出 版 人：于九涛
责任编辑：张　轶
责任印制：焦　洋

出版发行：中国画报出版社
地　　址：中国北京市海淀区车公庄西路33号　邮编：100048
发 行 部：010-68469781　010-68414683（传真）
总编室兼传真：010-88417359　版权部：010-88417359

开　　本：16开（710mm×1000mm）
印　　张：20.75
字　　数：241千字
版　　次：2018年7月第1版　　2018年7月第1次印刷
印　　刷：北京通州皇家印刷厂
书　　号：ISBN 978-7-5146-1627-9
定　　价：83.00元

全景插图版

瓜分波兰

不理性共谋、地缘争霸、欧洲革命与民族消亡

[英] 乔治·肖-勒费弗 著　王静 译

中国画报出版社·北京

序言

许多年前，我对瓜分波兰的历史做了详细的笔记。笔记内容主要摘自海因里希·冯·西贝尔[①]和艾伯特·索雷尔[②]分别编著的《法国大革命史》中的若干卷。当时，瓜分波兰的历史之所以引起了我的兴趣，主要是因为波兰的悲剧与1792至1795年大革命中的法国的命运有着紧密的关联。似乎在我看来，这种关联并未受到英国历史学家的充分关注。然而，许多其他事情占用了我的时间，使我未能继续深入研究这段历史。

然而，第一次世界大战爆发伊始，曾在1772年、1793年和1795年肢解波兰的俄、普、奥三国，对外宣布了各自的意图：在战争结束时，它们尽最大的能力，以自治政府的形式将波兰各省重新统一起来。我突然想到，或许我能用重新统一波兰带来的可能优势，

① 海因里希·冯·西贝尔（Heinrich von Sybel，1817—1895），德国伟大的史学家，兰克学派的著名代表人物。1875年，他被首相俾斯麦任命为普鲁士档案馆长，成为政治斗争的工具。1848年欧洲革命后，他在政治上趋于保守，著有《法国大革命史》《威廉一世创建德意志帝国史》等。——译者注

② 艾伯特·索雷尔（Albert Sorel，1842—1906），法国历史学家，曾获诺贝尔文学奖提名，著有《欧洲和法国革命史》《历史评论》《十八世纪东方问题》等。——译者注

去讨论重新统一会引发的问题，从而使我的笔记扩展成为内容简洁、通俗易懂的三次瓜分波兰史。

海因里希·冯·西贝尔写《法国大革命史》时，明显偏袒他的祖国。虽然他以相当公正的态度叙述了普鲁士犯下的大部分罪行，而非全部罪行，承认普鲁士某些行为无异于“完全背信弃义”，但他却在书的结尾替普鲁士的罪行辩护，认为为了德意志的利益，“背信弃义”是正当的、必要的。然而，艾伯特·索雷尔以截然不同的观点，叙述了法国大革命的历史。我已经核对了两位历史学家对法国大革命的历史的叙述，同时参阅其他有关方面的史料，补充了这段历史。最后，我得出的结论与海因里希·冯·西贝尔恰恰相反。与托马斯·卡莱尔[①]所著《腓特烈大帝史》一书在第一次瓜分波兰的交易中普鲁士国王应承担的责任方面相比，我们的观点不同。

我查阅了其他许多关于波兰的资料，其中包括克劳德－卡洛曼·德·卢利耶尔[②]所著《波兰无政府历史》，艾伯特·索雷尔所著《东方难题》，弗莱彻1830年出版的《波兰史》，冯·毛奇所著《波兰史》，《剑桥欧洲现代史》中关于谴责波兰的章节，斯克林所著《俄国史》，伯恩哈德·冯·比洛所著《德意志帝国》以及不少与瓜分波兰有关的回忆录。我去档案局查阅了英国外交部与英国驻其他国家的外交代表与瓜分波兰有关的往来信件。已故的威廉·爱德华·哈

① 托马斯·卡莱尔（Thomas Carlyle，1795—1881），苏格兰哲学家、评论家、讽刺作家、史学家。他被看作那个时代最重要的社会评论员，一生当中发表了很多重要的演讲，在维多利亚时代广受赞誉。他的代表作有《法国大革命：一部历史》《论英雄、英雄崇拜和历史上的英雄事迹》《腓特烈大帝史》等。——译者注

② 克劳德－卡洛曼·德·卢利耶尔（Claude-Carloman de Rulhiére，1735—1791），法国诗人、史学家，著有《波兰无政府历史》《南特法令撤销历史原因的分析说明》等。——译者注

特波尔·莱基[①]先生在他的著作——《英格兰史》中提到第一次瓜分波兰时指出了往来信件对研究历史的重要性。

本书附了四幅地图。前两幅地图既显示了1772年以前波兰王国最初的版图，也标出了波兰遭三大邻国三次瓜分时被夺取的领土部分。我发现划出第二次瓜分波兰的边界线很难，因为权威史学专家在这方面的观点不一。有关第二次瓜分波兰边界线的划分，我主要参照了《剑桥欧洲现代史》一书中提供的地图。史学界对三大列强在瓜分波兰过程中夺取的波兰的领土面积和人口数量的观点也大相径庭。在本书中，我提供的数据肯定带有保留的成分。第三幅地图划出了华沙大公国[②]的边界线。该边界线包括1807年《提尔西特条约》[③]划定的部分，1809年奥地利在瓦格拉姆战役[④]败北后，将其两次瓜分波兰所得的土地划给华沙大公国的部分，1815年《维也纳条约》划定的沙皇俄国统治下的波兰王国的部分，沙皇亚历山大一世按照个人意愿增加的华沙大公国的部分。第四幅地图中，我竭力展示了当今波兰的人口分布状况。实际上，用明确的线条标出各民族的人口分布状况几乎是不可能的，因为波兰人与德国人、俄国人和

① 威廉·爱德华·哈特波尔·莱基（William Edward Hartpole Lecky，1838—1903），爱尔兰历史学家、散文家和政治理论家。他的主要著作是《英格兰史》。——译者注

② 华沙大公国（Grand Duchy of Warsaw），是拿破仑1807年按照《提尔西特条约》，强迫普鲁士让出以前瓜分的波兰领土而建立的波兰民族国家，存在于1807年至1815年，首都为华沙，领土包括今波兰的中部和东部以及今立陶宛和白俄罗斯一小部分地区。——译者注

③ 《提尔西特条约》（Treaty of Tilsit）是指1807年7月，拿破仑在弗里德兰击败俄国和普鲁士联军后，于提尔西特签署的两个条约，7月7日，沙皇亚历山大一世与拿破仑在尼曼河中央的竹筏会面后，签订了第一个条约。7月9日，法国与普鲁士签订了第二个条约。按照该条约，普鲁士损失了近半的领土。——译者注

④ 1809年7月5日至6日，拿破仑的法军与卡尔大公的奥军在瓦格拉姆决战，是第五次反法同盟的最后一战，虽然双方的损失差不多，但由于不久后奥地利求和，这次战役就成为拿破仑的最后一次绝对性胜利，史称“瓦格拉姆战役”。——译者注

鲁塞尼亚人的比例由 80% 逐渐下降到 20%，甚至更少。因此，读者从地图中可以看出将肢解后的波兰各地区重新统一为一个自治政权面临的问题的复杂性。

布赖斯伯爵对本书提出了许多宝贵建议。在此，我深表谢意。拜勒女士给予我不少善意的帮助，我由衷感激。

乔治 · 肖 - 勒费弗

目 录

第一章 波兰无政府状态 …………………………………… 001

一百五十年来欧洲各国疆域的明显变化—欧洲一些国家的统一和独立—波兰不存在是唯一的例外—波兰的民族性被消除—民族原则是一个国家的主要元素—哈布斯堡家族、波旁家族、霍亨索伦家族和罗曼诺夫家族开疆拓土的目标—波兰曾是大国—波兰的民族结构—波兰各民族的文化和宗教信仰—立陶宛大公雅盖洛和波兰的雅德维加公主—波兰立陶宛王国的形成—约翰三世与维也纳战役—波兰衰亡的原因—波兰宪法主张实行选举君主制—雅盖洛王朝退出历史舞台—争夺波兰王位的主要国家—波兰的派系斗争—外国的武力干涉—波兰国王丧失了实权—贵族阶层与其他社会阶层存在交流壁垒—一票否决制—波兰无政府状态出现及严重后果—波兰爱国者的清醒认识—约翰二世的退位演讲—斯塔尼斯洛斯一世的演讲—邻国阻止波兰宪法改革—叶卡捷琳娜大帝对瓜分波兰负主要责任—腓特烈大帝处理国家关系的原则—腓特烈大帝倡导“强权即公理”—奥地利对波政策的变动

第二章 第一次瓜分波兰（1772 年）………………………… 027

奥古斯都三世驾崩与波兰王位虚悬—叶卡捷琳娜大帝与腓特烈大帝支持斯坦尼斯洛斯 · 波尼亚托夫斯基竞选—斯坦尼斯洛斯 · 波尼亚托夫斯基被选中的原因—斯坦尼斯洛斯 · 波尼亚托夫斯基本是叶卡捷琳娜大帝的情夫—叶卡捷琳娜大帝觉得斯坦尼斯洛斯 · 波尼亚托夫斯基是听话的

工具—斯坦尼斯洛斯·波尼亚托夫斯基寄给叶卡捷琳娜大帝的急信—查尔托雷斯公爵被叶卡捷琳娜大帝要弄了—叶卡捷琳娜大帝用钱贿赂波兰议员—叶卡捷琳娜大帝武力支持斯坦尼斯洛斯·波尼亚托夫斯基—波兰国王斯坦尼斯洛斯一世—掌握波兰实权的是尼古拉·列普宁—俄国与普鲁士进一步干涉波兰内政—波兰的宗教纷争—《波俄条约》—波兰沦为俄国的附庸—巴尔联盟及其抗俄斗争—1770 年波兰瘟疫—俄国、普鲁士与奥地利陈兵边境—腓特烈大帝得出的结论—腓特烈大帝写给弟弟的信中透露的计划—腓特烈大帝对索尔姆男爵的指示—索尔姆男爵的犹豫—佩恩男爵反对瓜分波兰的建议—俄国欲使波兰成为永久的附庸—关于腓特烈大帝的大计长期搁置的原因的解释—奥地利首相考尼茨公爵—玛丽亚·特雷莎女皇反对瓜分波兰的计划—皇储约瑟夫与女皇的意见相左—“勇敢的犯罪”—瓜分波兰条约最终达成—玛丽亚·特雷莎女皇被说服—奥地利参加瓜分波兰—三国自圆其说的无罪辩护—波兰反对三国声明的宣言—奥地利代表三国的回复—伏尔泰与卢梭对瓜分波兰的不同立场—史学家们对第一次瓜分波兰的看法

第三章 波兰宪法改革 …………………………………… 063

1788 年爱国运动席卷波兰—以修改宪法为宗旨的议会召开—宪法改革计划遭到大贵族反对—1791 年 5 月 3 日波兰议会通过《改革法案》—新宪法获得大多数波兰人的支持—各国对波兰新宪法的态度—俄国对波政策的本质—叶卡捷琳娜大帝的愤怒和计划—腓特烈·威廉二世对时局的分析—腓特烈·威廉二世提议与波兰结盟—《普波条约》—叶卡捷琳娜大帝调整对外政策—叶卡捷琳娜大帝推出最损人利己的计划—腓特烈·威廉二世的大臣们反对波兰新宪法的理由—腓特烈·威廉二世向波兰保证普鲁士坚定履行《普波条约》确定的义务—海因里希·冯·西贝尔的评论—腓特烈·威廉二世欺骗波兰的原因

第四章 反法联盟 …………………………………… 077

腓特烈·威廉二世关注路易十六和玛丽·安托瓦内特王后的命运—利奥波德二世反对干预法国革命—波兰问题成为反法联盟形成的障碍之一—皮尔尼兹会晤—阿图瓦伯爵的呼吁—叶卡捷琳娜大帝的阴谋没有得逞—皮尔尼兹会晤没有引起英国重视—玛丽·安托瓦内特王后的真实意思—利奥波德二世得出战争不可避免的结论—奥地利与普鲁士缔结正式条约—关于波兰问题的约定—莫顿·伊甸写给格伦维尔勋爵的信—利奥波德二世驾崩是波兰的噩耗

第五章 普鲁士背信弃义 …………………………………… 087

弗朗茨二世时代奥地利对波政策的调整—叶卡捷琳娜大帝进攻波兰的计划推迟—叶卡捷琳娜大帝的最后一位情夫—戈尔兹男爵与普拉通·祖博夫的分歧—腓特烈·威廉二世同意叶卡捷琳娜大帝提出的条件—海因里希·冯·西贝尔的评论—普鲁士在波兰所犯的罪行遭到报复—法国对奥地利宣战加快了反法战争的进程—普鲁士的提议未能使奥地利宫廷满意—普鲁士与奥地利在领土补偿方面没有达成一致—俄国与普鲁士签订瓜分波兰的密约—奥地利与普鲁士发动反法战争—灾难降临在波兰—俄军进攻波兰—波兰召开抵抗俄国入侵的议会—普鲁士背信弃义拒绝履行义务—海因里希·冯·莫伦道夫将军的深刻见解—腓特烈·威廉二世趁火打劫—波兰获得奥地利帮助的希望渺茫—弗朗茨二世决定与俄国共同掠夺波兰—考尼茨公爵的激烈反对及辞职—普鲁士与奥地利请求俄国参加反法战争—叶卡捷琳娜大帝拒绝它们的请求

第六章 俄国入侵波兰 …………………………………………… 103

俄军中的波兰大贵族—塔戈维查联盟—俄国对波宣战—叶卡捷琳娜大帝的宣言—波兰议会决定抗击俄军入侵—波兰社会各阶层不能团结一致对抗外敌—波兰军队的将士大都来自小贵族家庭—米哈伊尔·凯科沃斯基率军攻入波兰—约瑟夫·波尼亚托夫斯基率波军顽强抵抗—叶卡捷琳娜大帝的劝降信—斯坦尼斯洛斯二世的回信—波兰向法国和英国求援失败—塔德乌什·秋希秋什科领导波军抗俄—波军在杜边卡大败—俄军进抵波兰—波兰议会解散—波军投降—波兰宪法改革失败—斯坦尼斯洛斯二世的处境

第七章 第二次瓜分波兰（1793 年） …………………………… 115

俄军将波兰视为被征服的国家—灾难深重的波兰—塔戈维查联盟是傀儡—俄国无力独吞波兰—叶卡捷琳娜大帝决定与腓特烈·威廉二世共同瓜分波兰—奥地利与普鲁士关于反法战争补偿问题的协商—腓特烈·威廉二世与弗朗茨二世各怀鬼胎—反法联军总司令发布的公告—反法联军的失败—路易十六与他的王后被送上断头台—莫尔会议上的交锋—热马普战役—叶卡捷琳娜大帝向驻华沙大使下达的指示—普鲁士背着奥地利与俄国签订瓜分波兰的密约—巴伐利亚交易计划很难实现—普鲁士进攻波兰—奥地利对普鲁士强烈不满—弗朗茨二世写给叶卡捷琳娜大帝的亲笔信—马尔科夫与科尔本次之间没有结果的争论—普军占领条约划给普鲁士的波兰领土—斯坦尼斯洛斯二世打算退位—新任驻华大使的人物—迫使波兰议员通过《波俄条约》—波兰议员因反抗而被流放—《波普条约》被强行通过—斯坦尼斯洛斯二世与议会发布抗议书—波兰已经完全处于俄国的军事独裁统治之下

第八章 波兰如何拯救法国 ························ 137

1793 年初的欧洲局势—弗朗茨二世尚未认清联军战败的现实—普鲁士无意全力投入反法战争—英国决定参加反法战争—英国首相小威廉·皮特的对外政策—奥地利和普鲁士对英国的提议做出回应—英国不会从中立而无害的国家获得战争补偿—斯凯尔特河航线事件—英国驱逐法国使者弗朗西斯·伯纳德·肖夫兰—国民公会正式对英国宣战—格伦维尔勋爵的提议—英国抗法被认为是合情合理的自卫战争—查理·詹姆斯·福克斯反对与法国开战—查理·詹姆斯·福克斯抨击俄国与普鲁士瓜分波兰—小威廉·皮特避开波兰的话题不提—敦刻尔克是英国期待的战争补偿—反法联军初战告捷—内尔温登战役—英军统帅约克公爵—安特卫普会议—科堡伯爵的新宣言—反法盟国矛盾重重—引起联军协同作战失败的主因—法军打退反法联军—1793 年战役的结果—学者们为什么认为波兰拯救了法国

第九章 波兰起义 ························ 163

波兰起义一触即发—法国胜利的消息极大地鼓舞了波兰的民族运动—塔德乌什·科希秋什科被选为波兰新民族运动的领导人—波兰起义爆发—议会通过遣散波兰军队的议案—塔德乌什·科希秋什科发表爱国宣言—安东尼·马达林斯基将军起义—劳克拉维茨战役—起义在华沙爆发—波兰爆发起义的时机不够成熟—腓特烈·威廉二世的主要军事和政治顾问反对继续发动另外一场反法战役—《海牙条约》—查理·詹姆斯·福克斯预测到普鲁士会欺骗英国—马姆斯伯里勋爵的一切抗议都徒劳无益—腓特烈·威廉二世对英国态度的变化—腓特烈·威廉二世对法国态度的变化—英国支付给普鲁士的绝大多数援助资金都花在镇压波兰起义上

第十章 奥地利退出反法联盟 ························ 181

冯·图古特的政策主张—莫伯日要塞大战在即—联军实际由奥地利统帅科堡伯爵指挥—查理大公—1794 年战役打响—图尔昆战役—波兰起义进一步发展—英国挡住了奥利地与法国议和的道路—反法联军大败图尔昆的内幕—弗勒吕战役—英军退入荷兰—荷兰爆发人民运动—威廉五世被逐出荷兰—1794 年反法战役失败—波兰成为最大的受害国

第十一章 镇压波兰起义 …………………………………………… 197

镇压波兰起义的俄军严重不足—亚历山大·瓦西里耶维奇·苏沃罗夫率俄军抵达波兰边境—马尔科夫引用俄国谚语—奥地利同法国讲和是唯一可能成功阻止普鲁士瓜分波兰的办法—俄国和奥地利无法相信普鲁士的理由太多了—拿骚-锡根伯爵对腓特烈·威廉二世的影响—腓特烈·威廉二世统一指挥普军与俄军—奥地利下决心不让普鲁士占领克拉科夫—腓特烈·威廉二世今非昔比—布伦瑞克公爵饱受"折磨"—普军夺取华沙是非常必要的环节—腓特烈·威廉二世决策失误—塔德乌什·科希秋什科退守华沙—华沙城里派系林立—腓特烈·威廉二世拒绝与国民公会中的"恶棍和流氓"谈判—叶卡捷琳娜大帝反对现在进攻华沙—腓特烈·威廉二世做出令普鲁士蒙羞的决定—亚历山大·瓦西里耶维奇·苏沃罗夫重挫华沙守军—普拉加战役—俄军占领华沙城—腓特烈·亨利·路易亲王的劝说

第十二章 第三次瓜分波兰（1795 年） …………………………… 221

叶卡捷琳娜大帝称波兰的命运必须由它的三个强邻来决定—特温恩伯爵赴圣彼得堡谈判—普鲁士设计的瓜分波兰的计划只与俄国有关—特温恩伯爵秘密地拜见祖博夫—祖博夫拒绝了特温恩伯爵的计划—叶卡捷琳娜大帝对奥地利与普鲁士的态度—冯·图古特的观点—叶卡捷琳娜大帝基本上支持弗朗茨二世的立场—布格河必须成为俄国与奥地利的边界—巴伐利亚交换计划再次被提了出来—叶卡捷琳娜大帝正式回复特温恩伯爵的提议—圣彼得堡会议无果而终—伊凡·奥斯特曼的建议—叶卡捷琳娜大帝和弗朗茨二世签署瓜分波兰的条约—伊凡·奥斯特曼的设想与警告—《普法和约》—叶卡捷琳娜大帝派密使游说腓特烈·威廉二世放弃与法国和解的计划—普鲁士最好让步—俄国、普鲁士和奥地利达成的瓜分条约中的秘密条款—斯坦尼斯洛斯二世退位—三次瓜分波兰一定是历史上最丑恶的交易之一—波兰灭亡的原因

第十三章 拿破仑和华沙公国 ……………………………………… 247

叶卡捷琳娜大帝驾崩—保罗一世同情波兰人民—保罗一世赦免塔德乌什·科希秋什科—波兰人民的愤怒没有平息—波兰军团与法军在意大利并肩作战—法国新宪法废除了禁止雇佣外国军团

的规定—波兰军团参加镇压海地起义—耶拿－奥厄施泰特战役—拿破仑发布含糊而令人费解的宣言—拿破仑进入华沙—拿破仑率法军在弗里德兰大败俄军—《提尔西特条约》—华沙公国—弗雷德里克大公—拿破仑远征俄国—拿破仑口述的演讲—拿破仑的大军进入立陶宛—约瑟夫·波尼亚托夫斯基—拿破仑败北与华沙公国覆灭—亚历山大一世接待立陶宛代表团

第十四章 维也纳会议对波兰的重新瓜分 …………………… 269

维也纳会议召开—亚历山大一世是理想主义者—克莱门斯·冯·梅特涅—利物浦伯爵代表英国政府起草的备忘录—俄国与普鲁士的领土交易—奥地利的仇视和反对—克莱门斯·冯·梅特涅的折中办法—列强对战后格局的安排—《维也纳条约》签订—滑铁卢战役—《维也纳条约》对波兰领土的安排

第十五章 俄国、普鲁士与奥地利分治下的波兰 …………… 285

君士坦丁大公在华沙的残暴统治—亚历山大一世首次访问波兰—亚当·查尔托雷斯基起草的新宪法—亚历山大一世正式批准新宪法—尼古拉一世反对波兰新宪法—1830 年华沙爆发起义—温和派与革命派—波兰起义被俄军镇压—尼古拉一世的报复—亚历山大二世向波兰人民的让步—俄国直接违反了《维也纳条约》—1863 年波兰起义—1864 年波兰起义失败—俄国在波兰进行大规模的土地改革—波兰俄化的政策—克拉科夫起义—俾斯麦的波兰政策始末

第一章 CHAPTER

波兰无政府状态

精彩看点

一百五十年来欧洲各国疆域的明显变化—欧洲一些国家的统一和独立—波兰不存在是唯一的例外—波兰的民族性被消除—民族原则是一个国家的主要元素—哈布斯堡家族、波旁家族、霍亨索伦家族和罗曼诺夫家族开疆拓土的目标—波兰曾是大国—波兰的民族结构—波兰各民族的文化和宗教信仰—立陶宛大公雅盖洛和波兰的雅德维加公主—波兰立陶宛王国的形成—约翰三世与维也纳战役—波兰衰亡的原因—波兰宪法主张实行选举君主制—雅盖洛王朝退出历史舞台—争夺波兰王位的主要国家—波兰的派系斗争—外国的武力干涉—波兰国王丧失了实权—贵族阶层与其他社会阶层存在交流壁垒——票否决制—波兰无政府状态出现及严重后果—波兰爱国者的清醒认识—约翰二世的退位演讲—斯塔尼斯洛斯一世的演讲—邻国阻止波兰宪法改革—叶卡捷琳娜大帝对瓜分波兰负主要责任—腓特烈大帝处理国家关系的原则—腓特烈大帝倡导"强权即公理"—奥地利对波政策的变动研究欧洲地图时，你会发现，与一百五十年前即波兰第一次被瓜分前不久相比，现在欧洲各国的疆域已经发生了许多非常明显的变化。在这一百五十年的时间里，德意志和意大利这两个伟大的民族经历了漫长的等待，差不多收复了它们从前失去的领土，譬如意大利将它的领土从异邦统治下解放出来。通过这种方式，德国和意大利增强了国力。从前一个来自东方的野蛮游牧部落，东征西讨，建立了伟大的土耳其帝国，占领了欧洲的大片领土。然而，现在它在欧洲的领土差不多消失殆尽。希腊、塞尔维亚、黑山、罗马尼亚和保加利亚实现了民族独立，确立了国家主权。其间，唯一的例外是，数世纪之前，在欧洲占有举足轻重地位的强国波兰不存在了。波兰的统一受到破坏，独立被剥夺，领土和人民被它的邻国瓜分。这些国家竭力消除波兰的民族性，通过强化语言、宗教和法律手段，同化波兰人。

近来，人们充分认识到，民族原则是一个国家的主要元素。19世纪前半叶，在现代国家的概念里，民族和语言的同一性很少受到重视。哈布斯堡家族（House of Hapsburg）、波旁家族（House of Bourbon）、霍亨索伦家族（Hohenzollerns）、罗曼诺夫家族（Romanoffs）等在开疆拓土时，没有考虑民族和语言的同一性。确保领土完整，占据战略要地，获得通航的河流或海洋是它们追逐的目标。它们丝毫不会顾及吞并会带给被吞并的民族什么影响。因此，将实际上由独特的波兰民族定居的民族的波兰与历史的或者地理的波兰进行区别是很有必要的。

波兰位于俄国和德国之间。1770 年以前，波兰曾是一个幅员辽阔的国家，其领土约二十八万平方英里[①]，从波罗的海几乎一直延伸到黑海，人口约一千一百五十万。当时，波兰的领土面积居欧洲第三，人口数量排欧洲第五。然而，在这片广袤的土地上，至少有三分之二的土地上定居着其他民族，譬如斯拉夫人和德意志人，而非波兰人。波兰人其实可能不超过七百万。

波兰东北部是立陶宛省。该省的面积大大超过严格意义上的波兰的面积。立陶宛省地广人稀，耕地面积不超过该省总面积的七分之一，其余土地是森林和荒原。立陶宛省定居着另一民族。该民族操不同的语言，拥有自己的亚文化，与俄国人关系密切，像俄国人一样信奉东正教（Greek Church）。最初，立陶宛省是一个独立的国家，但随着立陶宛大公雅盖洛 1386 年迎娶了波兰本土最后一任国王的女儿雅德维加（Jadwiga of Poland），在接下来近两百年的时间里，雅盖洛及其后裔成为波兰国王和立陶宛大公。这两个政权仍然各自保持独立，直到 1560 年，雅盖洛王朝最后一位独子齐格蒙特二世（Sigismund II）获得立陶宛人一致赞同，统一了两个政权，这就是众所周知的波兰立陶宛王国。

波兰立陶宛王国下设一个中央政府和一个议会。然而，在很大程度上，立陶宛保留了自己的制度和语言。不过，在接下来两百年

① 英里是英制长度单位，1 英里 =1.609344 千米。——译者注

立陶宛大公雅盖洛。米歇尔・高特莱夫斯基绘

波兰的雅德维加。她与立陶宛大公雅盖洛的结合，奠定了波兰立陶宛王国形成的政治基础。马切洛·巴恰雷利（Marcello Bacciarelli，1731—1818）绘

的发展进程中，立陶宛逐渐接受了波兰的理念和文化，而波兰语成为知识阶层的通用语。

波兰东南部是乌克兰和沃利西亚，这里定居着鲁塞尼亚人。鲁塞尼亚人是斯拉夫人的一支，说近似俄语的语言，信奉东正教。波兰西北部是众所周知的西普鲁士[①]，这里幅员广阔，绝大部分土地上定居着德意志人。波罗的海沿岸地区将东普鲁士[②]与勃兰登堡以及德意志其他地区分开，这个地区形成了普鲁士王国（Kingdom of Prussia）。除去非波兰人定居的领土，民族的波兰面积约八万平方英里。讲波兰语的人定居在这里，包括整个大波兰[③]、普鲁士的波兹南省、西普鲁士省近一半、西里西亚地区[④]近三分之一以及首府为克拉科夫[⑤]的加利西亚地区近一半。我们现在提到的民族的波兰，人口当时约七百五十万，现在已经增加到近两千万。在其他地区，虽然区分波兰人和其他民族是很难的，但这个地区的波兰人却很容易区分，因为这里只有单一的波兰人。民族的波兰的人口数量居欧洲第七位，仅次于俄国、德国、英国、法国、意大利和西班牙，远远超过其他一些国家，譬如瑞典、挪威、丹麦、荷兰、葡萄牙以及我们提到的其他国家。

欧洲中部以东定居着斯拉夫人。这支斯拉夫人的语言与其他斯

---

① 从 1773 年开始，西普鲁士（West Prussia）成为普鲁士王国的一个省。1920 年，西普鲁士一分为二，大部分地区成为今天波兰波美拉尼亚省的一部分。——译者注

② 从 1773 年开始，东普鲁士成为普鲁士王国的一个省。1878 年，它成为德意志帝国的一部分。1945 年，德国在第二次世界大战中战败后，东普鲁士一部分并入苏联，另一部分并入波兰。东普鲁士故地在今波罗的海东南沿岸。——译者注

③ 大波兰（Greater Poland）是波兰中西部的历史地区，位于瓦尔塔河流域。因为大波兰是波兰人的聚居地和波兰文明的核心区域，所以这里有时简称“波兰”。第一次瓜分波兰后，大波兰形成波兹南大公国，其首府是波兹南。——译者注

④ 普鲁士的波兹南省、西普鲁士省近一半、西里西亚地区今属德国。——原注

⑤ 今属奥地利管辖。——原注

拉夫人不同，他们信奉天主教，东接信奉东正教的其他斯拉夫人，西北邻信奉路德教的德意志人。这个民族与本书讨论的主题无关，在此暂不细说。许多作品已经对波兰民族做过详述，但都没有给出定论。对我们而言，知道波兰民族所处的地理位置已经足矣。“J'y suis j'y reste（我住在那里）”或许可以用来描述波兰民族。可以肯定的是，波兰人是个勇敢且富有天赋的民族，文化高度繁荣。15 世纪，波兰是欧洲最文明的国家之一。1683 年，骁勇善战的波兰立陶宛国王约翰三世率三万大军直奔维也纳，然后与奥地利联手，击败了土耳其二十万大军，从而将欧洲从奥斯曼入侵的噩梦中拯救出来，至此波兰国力达到了鼎盛。这是波兰对欧洲文明做出的最突出的贡献。此后，波兰国力持续衰落，直到 1795 年它彻底灭亡。

为解维也纳之围，约翰三世指挥大军与土耳其大军激战。波维尔·卡斯蒂尔斯（Pauwel Casteels，约 1656—1683）绘

撰写波兰史的史学家们已经搞清楚波兰衰落和最终灭亡的原因。很早以前，波兰的统治者甚至其他波兰人就预言了波兰的结局。波兰遭受人为制定的、缺陷极大的宪法折磨。波兰宪法的主要缺陷不是因为它是一部古老的宪法，而是因为它主张实行选举君主制，而非世袭君主制。18 世纪，雅盖洛王朝[①]衰落前，波兰理论上没有但实际上实行君主世袭制。这种政体与当代欧洲许多国家的政体有很多相似之处。1572 年，雅盖洛王朝末代君主齐格蒙特二世驾崩。

雅盖洛王朝末代君主齐格蒙特二世驾崩。
扬·马泰伊科（Jan Matejko，1838—1893）绘

① 1386 年，立陶宛的雅盖洛大公与波兰的雅德维加公主大婚，并加冕为波兰国王。从此，雅盖洛王朝登上了波兰历史舞台。14—16 世纪，该王朝统治着波兰、立陶宛、匈牙利和波西米亚。齐格蒙特一世和齐格蒙特二世的统治时期，雅盖洛王朝进入黄金时代。1572 年，齐格蒙特二世驾崩，绝嗣，雅盖洛王朝结束。——译者注

齐格蒙特二世没有子嗣，于是雅盖洛王朝退出了历史舞台，而波兰的世袭君主制实际上转变成选举君主制。因此，波兰国王驾崩后，王位继承人由议会选出，而王权世袭的权力不被承认。这时，在大部分欧洲国家，世袭君主制强化了，王权集中了，君主拥有更大的权力了。代表万民的君主使国家实现长治久安、社会获得稳定。于是，劳动阶层获得了王权的保护，免遭封建地主的暴行。但在波兰，与之相反的情况却发生了。封建地主构成波兰独有的贵族阶层。这种贵族阶层非但没有提高国王的地位、强化王权，反倒增强、扩大了其对国家政权的影响。就这样，王权不断被限制，最后波兰国王再也没有实权了。

选举君主制通常会使外国的幼年王子当选为波兰国王。这些王子成为处理波兰政务的首脑，但他们既对波兰不甚了解，也不存在让他们家族世袭王权的想法。在这种情况下，各方势力围绕波兰王位展开了激烈的竞争和角力。波兰的几个邻国是争夺波兰王位的主要参与者。它们是相互竞争的对手。所以，影响波兰、获得波兰的支持对它们非常重要。于是，波兰的派系斗争应运而生。一旦波兰王位虚悬，其邻国中最强大的国家便资助其支持的派系。随着各派系争权夺利愈演愈烈，波兰陷入一片混乱。为了使自己推荐的候选人当选波兰国王，这些国家最常用的手段是行贿，甚至动用武力来威胁。为支持某位候选人，外国军队开进波兰的情形时常发生。波兰贵族利用王位选举的机会，与当选国王达成新的协定，从而进一步限制了王权。

国王丧失了实权，成为名义上的国家行政首脑和军队的统帅。波兰政府主要部门被官员们控制。国王无权罢黜官员，这就意味着国王丧失了行政权。虽然波兰军队的人数不多，但常因缺钱而裁军。

战时，虽然各省享有特权的封建领主有义务武装辖区的贵族参战，但他们却没法执行这种义务。

所谓的贵族阶层不仅包括现在的封建地主，而且包括从前的封建地主的后裔。这个群体非常庞大。大部分中小地主或多或少倚靠少数大地主。贵族阶层的任何人一旦经商，就会失去贵族特权。因此，贵族阶层与其他社会阶层的交流阻断了。据估计，贵族阶层的成年男子共有十六万人。战时，他们会成为国家的武装力量。在波兰，只有贵族有权选举议会的议员，而包括城市自治民在内的其他阶层均被排除在议会大门之外。虽然名义上贵族各阶层一律平等，但大贵族向议会施加了巨大的影响力。实际上，这使波兰宪法变成了贵族共和制宪法。

波兰国王虽然是一国之主，但有名无实。人们或许期望贵族通过在议会上的参政议政，组建强大的行政和立法机构来管理国家，但实际情况远非如此。波兰宪法中存在一项非常不可思议、罕见的条款。该条款规定，议会用于造福或者作恶的权力都是无效的。很早以前，贵族各阶层的人们一直渴望实现地位平等。当一个议案被提交议会表决时，获得全体议员投票赞成，该议案才能通过，议会的决议才有效，只要有一个议员用一句简单的话“Nie pozwalam”①反对该议案，便能阻止该议案通过。这种制度被称为“一票否决制”。“一票否决制”导致议会瘫痪，阻碍了行政权或者立法权的行使。然而，国家遇到严重危机，需要立即制定法律时，全体议员一致认为暂停“一票否决制”，并按规定投票，表决议案。在这种情况下，只要大多数议员同意，议会就有权立法。然而，这种权宜之计只在

① 意思是“我不同意”。——原注

为数不多的场合中使用。议会中绝大多数议员有时会通过武力逼迫少数议员同意议案。近年来，俄国将不合作的少数议员流放到西伯利亚。通过这种方式，俄国克服了“一票否决制”的制度缺陷，绝对影响了波兰。但在俄国干预前，“一票否决制”使波兰议会完全丧失了行政权和立法权。将议会中的少数派流放到西伯利亚是一个很极端的例子。

波兰无政府状态的另一个原因是贵族的惯例——当贵族对议会的作为或者是不作为感到不满时，他们便会召集一个对抗议会的联盟，甚至为了支持该联盟，不惜诉诸武力。中央政府似乎没有足够的力量阻止该联盟的结成。波兰宪法中这些触目惊心的弊端，使波兰民族迅速走向灭亡。国家不可能进行立法，于是，最必要的改革久拖不决。贵族对地方上的暴行放任不管。农民的境遇甚至比从前还糟。国家失去了凝聚力。波兰遭受其邻国的任意摆布。无论出于何种目的，无论邻国中的哪个国家决定派兵进入波兰，它们从不担心遭到抵抗。然而，这并不意味着波兰人欢迎入侵者、对中央政府不满或者愿意失去造成国家分裂的政府。与之相反，大立陶宛省虽然与俄国的关系密切，但却非常厌恶被俄国兼并。纯波兰省与大立陶宛省的观点一样。东波兰（East Poland）的德意志地区也不愿被普鲁士兼并。1793 年，但泽（Danzig）这个不折不扣的德意志城市顽强抵抗了普鲁士的入侵。

波兰所有爱国者清醒地认识到波兰宪法中存在的缺陷，承认了缺陷造成的严重后果。在公开演讲中，波兰几任国王阐述了宪法的缺陷及其造成的恶果。许多演讲带有预言性和警告性，它们表明，如果再不补救这些缺陷，厄运会降临波兰——遭到贪得无厌、虎视眈眈的邻国瓜分。其中，最有趣的一次是 1667 年波兰国王约翰二

但泽。弗里德里希·爱德华·迈尔海姆（Friedrich Eduard Meyerheim，1808—1879）绘

世[①]在议会上的退位演讲，内容如下：

> 尊贵的波兰绅士们，你们是联合王国的一份子，你们不会忍受你们的国王和同胞遭到不可思议的方式对待。我们常常并肩作战，经历了失败，遭受了挫折。最终，作为一国之君，我厌倦了这一切。我打算去巴黎寻找宗教自由和社会和睦。临行前，我认为，古往今来，全能的上帝对待世界的方式的所有记载表明，宗教自由、平等和睦的社会，根本不存在。相信我，波兰英勇的骑士们，只有天国才没有优劣之分。如果联合王国继续保持无政府主义状态，那么邪恶就会降临。这一天终将到来，现在离我们已经不远。那时，辉煌的国家将四分五裂，成为勃兰登堡（Brandenburg）、莫斯科大公国（Musovy）、奥地利等贪婪邻国的囊中之物。于是，波兰化为乌有，从世上消失。这些都是我的肺腑之言，我对此深信不疑。此时此刻，我有幸向你们和共和国告别。请允许我向诸位最后说一声“早上好”[②]。

另外一份带有警告性的演讲是由1734年波兰国王斯坦尼斯洛斯一世[③]发表的，他希望借此唤醒波兰人民的危机意识，其内容如下：

---

① 约翰二世（John II，1609—1672），波兰国王和立陶宛大公。继位前，他曾被法国首相黎塞留软禁。他入过耶稣会，并成为主教；回到波兰后，他放弃教职，当选为波兰国王。他的统治被认为是波兰－立陶宛联合王国历史上最失败的一次。——译者注

② 托马斯·卡莱尔：《腓特烈大帝史》，第六卷，第405页。——原注

③ 斯坦尼斯洛斯一世（Stanislaus Leszczynski，1677—1766），波兰国王、立陶宛大公、洛林公爵和神圣罗马帝国伯爵。1702年，瑞典国王查理十二世率兵进入波兰；1704年，他迫使波兰贵族废黜波兰国王奥古斯都二世，立斯坦尼斯洛斯为波兰国王。1709年，查理十二世在波尔塔瓦之战被俄军击败后，斯坦尼斯洛斯一世退位。——译者注

怀着惶恐之心，我深思着我们所面临的险境。我们拿什么来抵挡我们邻国的进攻？我们能够信任与邻国达成的协定吗？我们曾多少次被这些庄严的协定所无视！我们想象着我们的邻国会因它们彼此的戒备而保持波兰现状，这

斯坦尼斯洛斯一世。让·吉拉尔代
（Jean Girardet，1709—1778）绘

> 是多么自欺欺人啊！从前，匈牙利人就因此失去了自由。如果我们继续存在这种幻想而不去武装自己，终有一天，确定无疑的是，我们的自由会被剥夺。毫无疑问，我们要么沦为某个征服者的“猎物”，要么会被邻国合伙瓜分。

毫无疑问，要不是波兰被下定决心肢解它的凶狠残暴、残酷无情的邻国包围，波兰议会或许会找到补救无法容忍的无政府主义状态的措施，甚至有效实施这些措施。事实上，许多年后，议会中大部分议员做过各种尝试。波兰的邻国充分认识到，波兰的无政府状态为它们提供了实现其意图的可能性。因此，它们决心阻止波兰实施任何革除宪法弊端、增强波兰政权的改革。

在波兰的一些领导人完全意识到波兰宪法的弊端并准备采取弥补措施之际，波兰三个邻国中有两个国家的最高统治者正值野心勃勃、精力充沛的年纪，这是波兰的不幸。俄国女皇叶卡捷琳娜大帝（Catherine II）长期统治俄国，她对三次瓜分波兰负有主要责任。她是历史上最杰出的女性之一。她的父亲是德意志一个小公国的公爵。她很小的时候就嫁给了俄国皇位继承人彼得大公。野蛮、酗酒的彼得常无视叶卡捷琳娜的存在。他不仅折磨她，而且还鼓励她出轨，公开羞辱她，当着她的面否认他们的儿子是他亲生的。在叶卡捷琳娜登上俄国皇位的三年前，神秘人物舍瓦利耶·迪昂[①]，一名法国安插在俄国宫廷的间谍，这样描述她的容貌：“大公夫人看起来热情洋溢、充满激情。她的眼睛炯炯有神，犹如野兽的眼睛一般清澈、明亮。她天庭饱满，美好的前景好像刻在她额头上似的。

① 舍瓦利耶·迪昂（Chevalier D'Eon，1728—1810），法国著名的外交官、间谍、共济会成员，曾参加“七年战争”。——译者注

舍瓦利耶·迪昂。让·劳伦·莫斯尼
（Jean-Laurent Mosnier，1743—1808）绘

她为人善良，和蔼可亲，但当她走近我时，我不由自主地往后退了一步。她惊吓到我了。”

不久，彼得大公继承沙俄皇位，叶卡捷琳娜秘密参与了废黜彼得三世和接下来由谋反分子发起的弑君行动。英俊的格雷戈里·奥尔洛夫[①]是叶卡捷琳娜的情夫，他的哥哥阿莱克西斯·奥尔洛夫[②]是

阿莱克西斯·奥尔洛夫（左）和格雷戈里·奥尔洛夫（右）。绘者信息不详

① 格雷戈里·奥尔洛夫（Gregory Orloff，1734—1783），叶卡捷琳娜大帝的情夫，策划了刺杀彼得三世的阴谋。——译者注

② 阿莱克西斯·奥尔洛夫（Alexis Orloff，1737—1808），奥尔洛夫家族中的优秀代表。在1762年宫廷政变中，他充当关键角色。据说，他亲手杀害了彼得三世。——译者注

谋反分子的首领。叶卡捷琳娜依靠这些人的力量，取代了她的儿子保罗大公的皇位。实际上，保罗大公没有权力去继承他“推定”的父亲的皇位，从而真正成为俄国最高权力的主人。在某些方面，叶卡捷琳娜大帝是一个品位低俗的女人。她风流成性，放纵声色。据说，在钟爱的情夫身上，她花了国库两千万英镑，而那些人的品德大都不怎么高尚。虽然她对情人以身相许，但她的意志却从未屈从任何男人。在其他方面，她向世人展现了她卓越的品质。统治俄国期间她获得的绝对权力，是同时代的任何君主望尘莫及的，或者说在任

叶卡捷琳娜大帝。阿列克谢·彼得洛维奇·安特波（Alexei Petrowitsch Antropow，1716—1795）绘

何时代里都是罕见的。她统治下的俄国，政府开明、包容，有益于国民的发展。然而，与此同时，如果有人违抗她的旨意，她便表现出残忍冷漠的一面。她才智过人，言谈诙谐幽默，趣味横生。她能平等地与伏尔泰（Voltaire）、丹尼斯・狄德罗[①]、让・勒朗・达朗贝尔[②]、格林姆（Grimmn）等同时代最有才干的学者通信。

丹尼斯・狄德罗。绘者信息不详

① 丹尼斯·狄德罗（Denis Diderot，1713—1784），法国哲学家、艺术评论家和作家，《百科全书》主编和撰稿人，法国启蒙运动中最杰出的一位思想家。——译者注

② 让·勒朗·达朗贝尔（Jean le Rond d' Alembert，1717—1783），法国数学家、机械师、物理学家、哲学家和音乐理论家。达朗贝尔方程就是以他的名字命名的。——译者注

叶卡捷琳娜大帝判断力强，知人善任。凭借无穷的魄力和连续不断的成功，她既能与自己提拔的大臣保持良好的关系，也能按照自己的意愿剥夺这些大臣的权力。她野心勃勃，渴望为俄国开疆拓土。她善于为实现长远目标谋划，并能坚持不懈地为实现这些目标而努力。接见法国大使时，她曾自言自语道："欧洲非常关注我的言行。事实上，我认为俄国才值得关注。多年来，人们对我评判不一，我在欧洲其他所有君主眼中，只是个卖弄风情的女人。"①

叶卡捷琳娜大帝绝不会受公德或者信守承诺绑架，从而导致自己的计划受到阻挠。她从未失去对计划的控制，也从未迷失自我。这显示了在执行计划时她展现的非凡自制力以及完成计划时事半功倍的智慧。她曾说："初到俄国，我是个一贫如洗的女孩。但俄国给了我丰厚的嫁妆，我将用亚速（Azof）、克里米亚（Crimea）和波兰报答俄国。"

统治俄国早期，勇敢、骄傲、自强、自立的叶卡捷琳娜大帝便下定决心以牺牲波兰的利益为代价，扩张俄国领土。她依靠坚忍不拔的毅力和不屈服的意志，用她三十年的人生光阴，为实现这个目标而奋斗。

叶卡捷琳娜大帝密谋第一次瓜分波兰的最有力的煽动者和教唆者是普鲁士国王腓特烈大帝（Frederick the Great）。在此，我们无须赘述和平时期腓特烈大帝作为普鲁士一国军队统帅治国理政时展现的卓越品质，但最好简述一下他处理国际关系的原则。

腓特烈年少时，也就是他继承普鲁士王位不久前，撰写了一篇反驳意大利哲学家马基雅弗利（Machiavelli）的名著《君主论》（The

① 艾伯特·索雷尔：《东方难题》，第 12 页。——原注

Prince）的论文。在论文中，他反驳这位佛罗伦萨诡辩家时写道："处理政务时，我们不认同，一国君主不受任何人都应履行的道德规范的束缚；我们也不认同，一国君主因考虑国家利益就可以违背信仰，进行欺骗。"腓特烈大帝用厌恶的语调和愤慨的态度反驳马基雅弗利倡导的这些原则，然后用极具说服力的语言表达了这样一个观点：一国君主应该遵守任何人在日常生活中应遵守的道德规范；一国君主处理政务的唯一准则是正直和守信。他撰写的《反马基雅弗利》

马基雅弗利是意大利外交家、政治家、史学家和哲学家。赛迪·第·提托（Santi di Tito，1536—1603）绘

一书受到他的朋友——著名圣贤伏尔泰的高度称赞。1740 年，伏尔泰在海牙承担了此书的出版工作。

1740 年，腓特烈继承了普鲁士的王位，但他很快就将他撰写的《反马基雅弗利》一书中大力倡导的大道理抛诸脑后。他比与他同时代的其他君主都更明显地追求《君主论》中倡导的原则。就像叶卡捷琳娜大帝一样，领土扩张成为腓特烈大帝对外政策的主要目标。为实现这个目标，他从未将道德规范和信义考虑在内。在霍亨索伦

继承普鲁士王位不久的腓特烈大帝。安托万·潘斯涅（Antoine Pesne，1683—1757）绘

家族中，腓特烈大帝是第一位倡导以“强权即公理”为原则的代表人物。该原则成为他和他的继承人的治国原则。他认为，国家利益与条约对立时，条约理应向国家利益让步。

腓特烈大帝写道：“如果世界上缔结的联盟或达成的协议不是建立在利益互惠的基础之上，那么这样的联盟和协议就是无效的。”“倘若一国之君有义务为国民的幸福牺牲个人，那么这位君主更有义务放弃条约中的承诺，因为继续坚守条约将对国家造成伤害。一国灭亡重要还是一国君主不遵守约定重要？”

一次，腓特烈大帝问他的顾问：“我问你们一个问题。处于优势地位时，你们是利用优势还是放弃优势？”

统治普鲁士时期，腓特烈大帝对西里西亚（Silesia）和波兰两次大规模的领土扩张时所表现的显著特征是：完全丧失道德原则，无视条约和联盟。腓特烈二世（Frederick William II）是腓特烈大帝的继承者，他沿用了这种见利忘义、背信弃义的外交政策。在第二次和第三次瓜分波兰的过程中，他展现的背信弃义的卑劣程度或许会令他的父亲腓特烈大帝感到羞愧。

奥地利是参与瓜分波兰的第三个国家，它的内外局势与俄国、普鲁士不同。波兰国王约翰三世[①]领导下的波兰人曾帮助奥地利击败土耳其帝国，拯救了维也纳。因此，支持波兰一直是奥地利政治家推行的外交政策。奥地利将波兰视为有用的缓冲国以及对抗俄国或者土耳其的潜在盟友。对日益强大的普鲁士的仇恨和忌妒更加坚定了奥地利的这一政策实施。然而，单凭奥地利一国根本无法抵抗

① 约翰三世（John III，1629—1696），波兰－立陶宛联合王国著名君主之一。约翰三世时代，联合王国统治稳定。约翰三世是优秀的军事指挥家，曾率军大败土耳其帝国。——译者注

俄国和普鲁士联盟，尤其正值奥法大战之际，更是如此。因此，在这种形势下，奥地利是这样看待波兰的：“我们并不愿意瓜分波兰，但如若为形势所迫，非得如此。我们会坚持获得我们的那部分份额。”与叶卡捷琳娜大帝同时代的奥地利女皇玛丽亚·特雷莎（Maria Theresa）对自己的美德、公德以及条约的尊重深感自豪。在顾问的恳请和劝说下，虽然她违背了自己的意愿，但她还是同意奥地利加

玛利亚·特雷莎。马丁·冯·米特斯
（Martin van Meytens，1695—1770）绘

入瓜分波兰的俄普联盟，或者说她同意了奥地利在任何情况下都要从肢解的领土中获得补偿的提议。第二次和第三次瓜分波兰时，奥地利女皇玛丽亚·特雷莎的孙子弗朗茨二世[①]与另外两个存在竞争但同谋的国家的君主在勾结之路上走得更远。在渴望扩张奥地利领土或者无所顾忌地实现目标方面，与他的同谋者们相比，他毫不逊色。

在智慧、决心、背叛和违法显著交织的时代背景下，波兰无政府主义宪法、强大的政府缺失以及瘫痪的议会，使不幸的波兰人对外敌的入侵毫无抵抗之力。

① 弗朗茨二世（Franz II，1768—1835），神圣罗马帝国末代皇帝，奥地利帝国第一位皇帝。在反拿破仑战争中，他领袖群伦。拿破仑倒台后，他主持召开了维也纳会议。路易十六王后玛丽·安托瓦内特是他的姑姑。——译者注

C 第二章

HAPTER

第一次瓜分波兰（1772 年）

精彩看点

奥古斯都三世驾崩与波兰王位虚悬—叶卡捷琳娜大帝与腓特烈大帝支持斯坦尼斯洛斯·波尼亚托夫斯基竞选—斯坦尼斯洛斯·波尼亚托夫斯基被选中的原因—斯坦尼斯洛斯·波尼亚托夫斯基本是叶卡捷琳娜大帝的情夫—叶卡捷琳娜大帝觉得斯坦尼斯洛斯·波尼亚托夫斯基是听话的工具—斯坦尼斯洛斯·波尼亚托夫斯基寄给叶卡捷琳娜大帝的急信—查尔托雷斯公爵被叶卡捷琳娜大帝耍弄了—叶卡捷琳娜大帝用钱贿赂波兰议员—叶卡捷琳娜大帝武力支持斯坦尼斯洛斯·波尼亚托夫斯基—波兰国王斯坦尼斯洛斯一世—掌握波兰实权的是尼古拉·列普宁—俄国与普鲁士进一步干涉波兰内政—波兰的宗教纷争—《波俄条约》—波兰沦为俄国的附庸—巴尔联盟及其抗俄斗争—1770 年波兰瘟疫—俄国、普鲁士与奥地利陈兵边境—腓特烈大帝得出的结论—腓特烈大帝写给弟弟的信中透露的计划—腓特烈大帝对索尔姆男爵的指示—索尔姆男爵的犹豫—佩恩男爵反对瓜分波兰的建议—俄国欲使波兰成为永久的附庸—关于腓特烈大帝的大计长期搁置的原因的解释—奥地利首相考尼茨公爵—玛丽亚·特雷莎女皇反对瓜分波兰的计划—皇储约瑟夫与女皇的意见相左—“勇敢的犯罪”—瓜分波兰条约最终达成—玛丽亚·特雷莎女皇被说服—奥地利参加瓜分波兰—三国自圆其说的无罪辩护—波兰反对三国声明的宣言—奥地利代表三国的回复—伏尔泰与卢梭对瓜分波兰的不同立场—史学家们对第一次瓜分波兰的看法

1763 年，随着萨克森选帝侯（Elector of Saxony）奥古斯都三世[①]的驾崩，波兰王位虚悬。1764 年，为了选举王位继承人，波兰议会在华沙召开。俄国女皇叶卡捷琳娜大帝和普鲁士国王腓特烈大帝为了使他们支持的人继承波兰王位，达成协定，一致同意全力支持推选波兰本土的斯坦尼斯洛斯·波尼亚托夫斯基[②]伯爵作为波兰王位的继承人。这个年轻人出身并不高贵。他的父亲并非出自名门，但因为母亲的血缘关系，他成了迈克·弗雷德里克·查尔托雷斯基（Micha Fryderyk Czartoryski）公爵的外甥。迈克·弗雷德里克·查

① 奥古斯都三世（Augustus III，1696—1763），1734—1763 年任波兰 - 立陶宛联合王国国王，1733—1763 年任萨克森选帝侯。作为萨克森选帝侯，他被称为“腓特烈·奥古斯都二世”。在他的统治下，波兰的无政府状态逐渐严重，波兰对邻国的依赖逐渐加强，内政遭到叶卡捷琳娜大帝的干预。——译者注

② 全名斯坦尼斯洛斯·奥古斯都·波尼亚托夫斯基（Stanislaw August Poniatowski，1732—1798），波兰 - 立陶宛联合王国末代国王，1764—1795 年在位。1755 年，进入圣彼得堡的俄国皇宫后，他成为二十六岁的叶卡捷琳娜·阿列克谢耶夫娜（后来的叶卡捷琳娜大帝）的情夫。1764 年，在叶卡捷琳娜大帝的支持下，他当选为波兰国王。统治波兰早期，他遇到严重的政治危机。随着 1768—1772 年的巴尔联盟战争结束，波兰第一次被瓜分。统治波兰的后期，他经历了波兰宪法改革。然而，塔戈维查联盟的反对和俄国的武装干涉导致波兰宪法改革失败。1793 年，波兰第二次被瓜分。随着科希秋科什领导的波兰民族大起义的失败，1795 年，波兰第三次被瓜分，他退位，这标志着波兰 - 立陶宛联合王国的灭亡。他在圣彼得堡度过了最后的岁月。——译者注

尔托雷斯基公爵曾担任立陶宛首相一职。在立陶宛贵族中，他富可敌国，位高权重。斯坦尼斯洛斯·波尼亚托夫斯基能被俄普两国君主推选为波兰王位的继承人，不是因为他的身份地位，而是因为他堂堂的仪表、优雅的谈吐和翩翩的风度。正是因为他具有这些优秀品质，所以他成了巴黎和伦敦的座上宾。否则，在危机四伏的波兰，他连竞争王位的资格都没有。英俊的外貌带给他良好的机遇。1756年，他已成为英国驻圣彼得堡大使查理·汉伯里·威廉姆斯[①]的贴身随从。正如查理·汉伯里·威廉姆斯所期望和计划的那样，斯坦尼斯洛斯·波尼亚托夫斯基深深地吸引了俄国皇位继承人彼得大公的夫人。不久，大公的夫人便成为俄国女皇。在放荡风流的叶卡捷琳娜的情夫名单里，斯坦尼斯洛斯·波尼亚托夫斯基位居第二，并且他的这个名次竟然得到彼得大公的完全认同。

英国召回查理·汉伯里·威廉姆斯时，斯坦尼斯洛斯·波尼亚托夫斯基已被任命为波兰驻俄国大使。获得这样的职位肯定与他和大公夫人的亲密关系以及既定的利益有关。不久，出于政治考虑，他被调到波兰任职。虽然此时他已经远离俄国，但叶卡捷琳娜成为俄国女皇后，仍然惦念着远在波兰的情人。波兰王位虚悬之际，叶卡捷琳娜大帝下决心帮助她的情人斯坦尼斯洛斯·波尼亚托夫斯基登上波兰王位的宝座。

叶卡捷琳娜大帝反应很敏捷，判断力强，知人善任。她能成功

① 查理·汉伯里·威廉姆斯（Charles Hanbury Williams，1708—1759），英国外交官、作家。1747年至1750年，他担任英国驻德雷斯顿大使。1748年，他出席了波兰议会，邂逅了有权有势的查尔托雷斯基家族成员。后来，他担任英国驻柏林大使。其间，查理·汉伯里·威廉姆斯接见了在柏林治病的斯坦尼斯洛斯·波尼亚托夫斯基，然后将他介绍给后来的叶卡捷琳娜大帝。——译者注

查理·汉伯里·威廉姆斯。查理·汉伯里·威廉姆斯将斯坦尼斯洛斯·波尼亚托夫斯基介绍给叶卡捷琳娜。很快，斯坦尼斯洛斯·波尼亚托夫斯基受到叶卡捷琳娜的宠爱。约翰·吉尔斯·艾卡德（John Giles Eccardt，1720—1779）绘

身着军装的斯坦尼斯洛斯·波尼亚托夫斯基。斯坦尼斯洛斯·波尼亚托夫斯基是深受叶卡捷琳娜大帝宠爱的面首，在她的坚决支持下，继承了波兰王位。马切洛·巴恰雷利（Marcello Bacciarelli，1731—1818）绘

地选出她中意的执行者，准确地判断出斯坦尼斯洛斯·波尼亚托夫斯基能力平庸。她认为，斯坦尼斯洛斯·波尼亚托夫斯基能随时准备服从她的命令，将成为她获取利益的听话工具。无论如何，她料定斯坦尼斯洛斯·波尼亚托夫斯基在波兰不会有所作为，阻碍不了她的任何图谋。

为了寻求叶卡捷琳娜大帝的支持，斯坦尼斯洛斯·波尼亚托夫斯基寄来了急信。回复时，叶卡捷琳娜大帝简洁地写道："我派凯泽林（Keyserling）出使波兰，并命令他帮助你或者你的表弟亚当·查尔托雷斯基[①]成为波兰国王。"[②]这种回复就像叶卡捷琳娜正把自己的鞋子扔进衰弱的波兰一样。从中可以看出，她已确定她的推荐人能当选波兰国王。她曾做出暗示，如果任何人胆敢反对斯坦尼斯洛斯·波尼亚托夫斯基当选，将会遭到支持斯坦尼斯洛斯·波尼亚托夫斯基的俄国和普鲁士的军队的惩罚。

俄普两国达成的有关推选易操纵的波兰王位候选人的协议，明显采用了马基雅弗利倡导的策略。在协议中，两国一致同意维持带有明显缺陷的波兰宪法，强烈反对波兰废除"一票否决制"，反对波兰将来采用王位世袭制。俄普两国将"一票否决制"和王位世袭制描述为对波兰邻国造成伤害、带来威胁的制度。

波兰贵族中存在一个反对推选斯坦尼斯洛斯·波尼亚托夫斯基为波兰国王的强大派系。该派系支持已故国王奥古斯都三世之子萨克森选帝侯继承波兰王位。然而，查尔托雷斯基家族和许多大贵族结盟，全力支持斯坦尼斯洛斯·波尼亚托夫斯基。查尔托雷斯基公

① 亚当·查尔托雷斯基（Adam Czartoryski，1770—1861），波兰贵族、政治家和作家。有传言称，他是伊莎贝拉和俄国驻波兰大使尼古拉·列普宁的私生子。——译者注

② 弗莱彻：《波兰史》，第 197 页。——原注

爵非常赞成改革波兰宪法，他希望通过选择叶卡捷琳娜推举的候选人，获得俄国对波兰宪法改革的支持。他深知，改革波兰宪法是波兰救亡图存的必要步骤。从后来发生的许多事件可以看出，查尔托雷斯基公爵完全被叶卡捷琳娜大帝玩弄了。支持斯坦尼斯洛斯·波尼亚托夫斯基当选波兰国王，导致了他改革波兰宪法的失败，从而给波兰带来致命的后果。

斯坦尼斯洛斯·波尼亚托夫斯基能否当选波兰国王，只受一种因素的影响，即是否用大量金钱贿赂议员。为了筹集贿赂议员的资金，叶卡捷琳娜大帝不惜耗尽俄国国库的存款，甚至缩减了俄国军费的开支。支持萨克森选帝侯的派系同样花了大量竞选资金。许多金钱流向华沙，这恰恰证明了嘲弄波兰的说法——“波兰靠出售王位为生”的合理性。然而，在这种时候，要想最终能当选国王，仅靠金钱远远不够。叶卡捷琳娜大帝为了支持斯坦尼斯洛斯·波尼亚托夫斯基，在选举当天，派一支一万五千人的军队进驻华沙、包围了议会，同时，她下令将俄国大军驻扎在俄波边境，如有必要，准备随时进攻波兰。1764 年 9 月 7 日，凭借武力威胁和大笔金钱贿赂，斯坦尼斯洛斯·波尼亚托夫斯基当选为波兰国王，以斯坦尼斯洛斯二世的名义统治波兰。

虽然斯坦尼斯洛斯·波尼亚托夫斯基被选为国王，但真正掌握波兰实权的却是俄国代表尼古拉·列普宁①。他曾不加掩饰地向斯坦尼斯洛斯二世表明他的这种地位。他对斯坦尼斯洛斯二世说：“你明白，我是你的主人。你只有服从我，才能保住你的王位。”② 虽

① 尼古拉·列普宁（Nicholas Repnin，1734—1801），俄国政治家、将军。在波兰－立陶宛联合王国的消亡过程中，他扮演了非常重要的角色。——译者注

② 弗莱彻：《波兰史》，第 221 页。——原注

尼古拉·列普宁。斯坦尼斯洛斯·波尼亚托夫斯基被选为国王后，尼古拉·列普宁成为波兰实际统治者。绘者信息不详

然斯坦尼斯洛斯二世偶尔会有一些爱国情怀，但一旦尼古拉·列普宁坚持己见，他便会让步。尼古拉·列普宁也公开动粗，将任何拒绝按照他意愿投票的议员流放西伯利亚。通过这种方式，他控制了议会。

不久，俄国和普鲁士便以波兰宗教偏狭为借口，进一步干涉波兰内政。在波兰，宗教缺乏包容性已经成为严重的问题。几个世纪以来，波兰一直远离宗教冲突，这一点非常值得注意。虽然波兰宪法将罗马天主教（Roman Catholicism）定为国教，但同时规定对其他宗教派系持兼容并包的态度。当犹太人因宗教迫害被迫离开德意志和俄国时，波兰为许多犹太人提供了收容所。16 世纪，天主教和路德教（Lutherans）之间的宗教战争并没有蔓延到波兰。在大波兰（Great Poland），大部分人信奉罗马天主教；在立陶宛，大部分人信奉东正教；而波罗的海沿岸省的大部分人信奉路德教。在波兰，这些教派享有平等的地位。然而，近年来，耶稣会（Jesuits）在大波兰站稳了脚跟，成功地煽动人们不容忍其他教派的存在。

1756 年，波兰议会通过一项法律，将除国教罗马天主教以外的其他所有教派从波兰驱逐，并用其他方式干涉这些非正统教派。议会的行为引发了其他教派者的不满。在这种情况下，俄国接纳了波兰的东正教徒，普鲁士接纳了路德派教徒。按照 1764 年俄普两国缔结的协定，两国承诺在各自版图内重建不同的教派。1767 年，波兰议会受俄国大使的指使，将一些“狂热”的罗马天主教的主教流放西伯利亚后，投票废除了反对持不同教派者的法律。

1768 年，波兰议会批准了《波俄条约》，该条约规定，俄国保证波兰领土完整，而波兰则承诺维持波兰不可破坏、不可更改的无政府主义宪法。于是，波兰完全沦为俄国的附庸国。波兰议会中少

巴尔联盟代表向土耳其求助。贾纽厄里·苏契道尔斯基（January Suchodolski，1797—1875）绘

数议员反对《波俄条约》中的这两条内容。遭到俄国威胁时，他们在巴尔（Bar）结盟[①]，鼓动波兰人恢复罗马天主教作为波兰国教至高无上的地位，怂恿波兰人反对信奉其他教派者担任公职，拒绝承认《波俄条约》。为了实现他们的诉求，他们拿起武器进行抗争。他们向对俄宣战的土耳其求助。这些行动让俄国获得了派兵进驻波兰、支持华沙议会的借口。普鲁士也效仿俄国，派军越过波普边境，

① 史称“巴尔联盟”。——译者注

占据瓦尔米亚（Wormie）。支持巴尔联盟而非华沙议会的奥地利紧随其后，派军进入奥波相邻的波兰境内。奥地利的举动唤醒了匈牙利（Hungary）王国对紧挨波兰的齐普斯（Zips）领地主权诉求。齐普斯还没有发出协商的邀请，匈牙利王国就派军强行占领了它。

1770年，波兰爆发了瘟疫，这为俄国、普鲁士和奥地利进一步干涉波兰提供了借口。为阻止疫情蔓延，俄国、普鲁士和奥地利认为有必要在它们各自的边境部署军队，加强安全防线。为了占领更多的波兰领土以便日后据为己有，俄国、普鲁士和奥地利使用了范围更广的“裁量权”，将瘟疫警戒线逐步向波兰推进。因此，非常明显的是，无比贪婪的俄国、普鲁士和奥地利的军队环伺波兰，对波兰领土垂涎三尺。

面对这么多外国军队进驻波兰，人们自然普遍认为，俄国、普鲁士和奥地利已经开始酝酿瓜分波兰这个不幸的王国了。许多年过去了，瓜分波兰的图谋一直悬在半空，没有实施。然而，令人意想不到的是，首个提出瓜分波兰建议的人竟然是波兰国王。1733年，奥古斯都二世（Augustus II）希望他的萨克森家族（House of Saxony）世袭波兰王位，所以他认为，结束邻国对波兰图谋不轨的唯一方法是与它们签署条约，割让波兰的部分领土给它们。奥古斯都二世向普鲁士国王腓特烈·威廉一世（Frederick William I）提议，允许他实施这个方案。当时，腓特烈大帝还是普鲁士王储，他力劝父亲趁此良机，将普鲁士波兰（Prussian Poland）纳入普鲁士版图。然而，随着奥古斯都二世驾崩，该计划就“寿终正寝”了。腓特烈大帝一直将开疆拓土作为他的人生目标，尽管他一度掩饰自己的野心。1764年，普鲁士与俄国达成条约之际，奥地利大使就有关瓜分波兰的议题向腓特烈大帝提出质疑时，腓特烈大帝说道：“我相信，

奥古斯都二世（1694—1733）。奥古斯都二世驾崩前，提出割让波兰领土换取和平的设想。随着他的驾崩，该设想无疾而终。亨里克·罗达科夫斯基（Henryk Rodakowski，1823—1894）绘

奥古斯都二世（左）和腓特烈·威廉一世（右）。路易·德·西尔维斯特（Louis de Silvestre，1675—1760）绘

奥地利对这份条约一定感到恐慌。而且我相信在维也纳，人们认为我们已经决定瓜分波兰了。然而，你将看到的情况恰恰与此相反。”[1]

叶卡捷琳娜大帝认为俄国最好发布一份声明，否认瓜分波兰的谣言。在寄给她的外交代表的信中，她写道：“我们从未打算瓜分波兰，我们也无须扩大在地球上幅员已经非常辽阔的俄国领土。”

人们应该有保留地看待这些否认性质的声明。谣言只是传得有些早罢了。1768年11月，腓特烈大帝给他的继承人写下了国家后续战略的“政治夙愿”。其中，他强调占领普鲁士波兰是普鲁士今后的主要目标。他说道：“俄国似乎是阻挡普鲁士实现这个目标的最大障碍。我们或许最好通过协商而非武力的形式逐步获得这个省。当俄国需要我们帮助时，我们就可能获得我们想要的了。”写完“政治夙愿”后不久，腓特烈大帝似乎得出了这样的结论：波兰的现状和俄国、奥地利和普鲁士分别派兵进驻波兰的事实，为普鲁士提供了占领普鲁士波兰的机会；通过协商和共谋，最好马上瓜分波兰，而不是将完成这个目标的任务留给他的继承人。1769年，腓特烈大帝写给弟弟腓特烈·亨利·路易[2]亲王一封信。在信中，他写道：“我们有两条路可选，要么阻止俄国大规模扩张，要么努力谋划从俄国扩张中获利，而后者将是我们最明智的选择。”接着，他补充道：“奥地利将怎么做？奥地利会不得不与法国保持忠诚的盟友关系。在这种情况下，奥地利要么被迫支持土耳其人和波兰人，要么为俄国抛来的利益蛋糕所诱惑，而这种情况将使普鲁士夹在奥地利与俄国中

① 艾伯特·索雷尔：《东方难题》，第19页。——原注

② 腓特烈·亨利·路易（Frederick Henry Louis，1726—1802），腓特烈大帝三弟、普鲁士将军。七年战争中，他立下赫赫战功。战后，他去圣彼得堡访问叶卡捷琳娜大帝，提出瓜分波兰的计划。——译者注

间。为了摆脱这种困境，普鲁士有必要为俄国找到其与土耳其战争的赔偿方式，瓦解奥地利与法国的联盟。此外，普鲁士也有必要为奥地利找到获得补偿的方式，使维也纳宫廷满意，从而消除奥地利面对同俄国结盟的诱惑。”①

这封信表明，腓特烈大帝当时计划使俄国、普鲁士和奥地利用三方条约的方式来瓜分波兰。1769 年 2 月 2 日，带着这个意图，腓特烈大帝迈出了瓜分计划的第一步。他给普鲁士驻圣彼得堡大使索尔姆斯男爵写信，指示他建议俄国政府，将波兰的某些省划给维也纳宫廷，以此作为奥地利援助俄国对抗土耳其的回报；普鲁士应该获得普鲁士波兰、瓦尔米亚以及对但泽的宗主权；俄国也应从波兰获得赔偿②。

十几天后，即 2 月 16 日，腓特烈大帝又给索尔姆斯男爵写信，解释了他对奥地利的观点：“如果奥地利从波兰得不到任何好处，波兰人会将所有仇恨都转向我们。这样一来，波兰人就会将奥地利人视为他们的保护者。于是，奥地利在波兰的威望和影响就更大了。届时，奥地利就有更多机会在波兰施展各种阴谋。”

这些信清楚地预示了三年后真正实施的瓜分波兰的阴谋。索尔姆斯男爵犹豫了很久，他在考虑是否按照腓特烈大帝的指示行事。他认为，俄国宁愿让波兰成为它的完全附庸国，也不愿同它的邻国一起瓜分波兰。然而，索尔姆斯男爵仍然决定尝试一把。他向常年收受腓特烈大帝贿赂的俄国外交大臣佩恩伯爵提出了这个建议。索尔姆斯男爵发现，正如他所料，佩恩伯爵立场鲜明地反对瓜分波兰

① 艾伯特·索雷尔：《东方难题》，第 42 页。——原注
② 艾伯特·索雷尔：《东方难题》，第 69 页。——原注

腓特烈大帝。在第一次瓜分波兰中，腓特烈大帝背信弃义，卑鄙至极。威廉·康普豪森（Wilhelm Camphausen，1818—1885）绘

的计划。佩恩伯爵支持另外一种选择，即不改变波兰现有边界的情况下，逐步使波兰沦为俄国的附庸国，而不主张将波兰实际并入俄国，使波兰成为俄国一个省。然而，佩恩伯爵似乎向叶卡捷琳娜大帝递交了索尔姆斯男爵的提议。实际上，叶卡捷琳娜大帝比她的外交大臣更支持瓜分波兰的计划。叶卡捷琳娜大帝担心，一旦俄国发动与奥地利和土耳其联盟的战争，俄国在波兰的有利地位就会受到威胁。此时，腓特烈大帝努力说服叶卡捷琳娜大帝，消除她的疑虑，激发她的野心，逐步赢得她对他计划的完全认同。然而，腓特烈大帝的大计却长时间搁置。索尔姆斯男爵在自己的《回忆录》里解释道：

> 俄国人行事缓慢、优柔寡断，延长了瓜分条约达成的时间。协商悬而未决主要原因在于在但泽的所属权问题上无法达成一致。俄国人伪称，是俄国保证了这个小共和政体的自由，但事实上，忌妒普鲁士的英国人保护了这座海滨城市的自由，英国人怂恿俄国女皇不同意普鲁士国王提出的要求。然而，国王的决定是不可或缺的因素。很明显，控制了维斯瓦河，迟早会获得但泽。于是，国王决定没有必要因为一个迟来的好处，阻止如此重要协商的达成。因此，他的君主放宽了要求……克服了重重困难后，1772 年 2 月 17 日，他在圣彼得堡签署了这份秘密条约……条约确定 6 月开始瓜分波兰，一致同意邀请俄国女皇以盟友的身份加入瓜分波兰的行列。

与此同时，腓特烈大帝正在与维也纳协商和密谋。起初，这里存在的困难要比圣彼得堡更甚。俄国宫廷和奥地利宫廷之间不可能直接协商，因为两国女皇彼此憎恨。奥地利人侮辱性地称叶卡捷琳娜大帝为“那种女人”。于是，腓特烈大帝在俄国和奥地利之间扮演起可靠的中间人角色。

维护波兰王国的完整是奥地利传统的对波政策。该政策继续被长期担任首相的考尼茨公爵[①]（Prince Kaunitz）沿用。腓特烈大帝描述考尼茨公爵时写道：“他是一个严肃、自大、喋喋不休而咄咄逼人的人。他智力超群，性格乖张，尤其自负傲慢。他不爱交谈却喜欢布道。在布道中，即使稍微打断他一下，他便会立即停止，用愤怒、惊讶的眼神盯着你看。”[②]同时，他也是一个强势的人。他有能力将他的政策强加给奥地利的统治阶层，因为他任首相已经近四十年。其间，他完全是一个老奸巨猾的政治家，处事从来缜密。他对自己的评价很高。他说：“上帝用一个世纪使帝国形成重建的宏大决心，接着用另一个世纪来停止这个进程。在这种情况下，我为奥地利即将面临的命运而担忧。”

当参与瓜分波兰的议题第一次向奥地利女皇玛丽亚·特雷莎提出时，她表示非常厌恶。她已经上了年纪，并将全部精力投向了宗教，同时她因失去丈夫而感到悲痛。瓜分波兰使她的良心感到不安。她还能明辨是非。她很可能受到自己的宗教顾问的影响，因为罗马教廷对信奉天主教的波兰兴趣很大。考尼茨公爵一开始也反对奥地利参与瓜分波兰的计划。玛丽亚·特雷莎在给他的一封信中，将这个计划描述成一个“伤心的故事”，她写道：

---

① 考尼茨公爵也就是文策尔·安东·菲尔斯特·冯·考尼茨－利特贝格（Wenzel Anton Furst Von Kaunitz-Rietberg，1711—1794），奥地利政治家、外交家。他支持开明主义，担任奥地利首相约四十年，主导了玛丽亚·特蕾莎、约瑟夫二世和利奥波德二世统治时期的外交政策。1764年，他因功勋卓著而获封公爵。——译者注

② 托马斯·卡莱尔：《腓特烈大帝史》，第六卷，第464页。——原注

考尼茨公爵。第一次瓜分波兰期间，他坚持的传统对波政策失败。让·艾蒂安·利奥塔德（Jean-Etienne Liotard，1702—1789）绘

奥地利女皇玛丽亚·特雷莎。玛丽亚·特雷莎是伟大的战略家，反对瓜分波兰，维持波兰作为缓冲国的地位。马丁·范·米特斯（Martin van Meytens，1695—1770）绘

我不明白，政治秩序竟然允许两个强大的国家使用各自的优势，压迫一个无辜的国家；而第三方为了未雨绸缪，寻求当前的利益，竟然去效仿、追随。一国君主为了满足一己私欲，毫无顾忌。一国君主只有在对自己的言行负责并顾全大局时，他的国家的信誉和地位才不会遭到质疑。法国、西班牙和英国将怎样评价这场交易？即便是被当作弱者，也比被看作不诚实的人强！让我们努力减少其他国家瓜分波兰的借口，而不是加入到如此不公的瓜分行列！

奥地利女皇玛丽亚·特雷莎给她的儿子约瑟夫写信，向他讲述她从考尼茨公爵身上学到的从政准则：“诚实、正直和言行一致。”受玛丽亚·特雷莎之命，考尼茨公爵给柏林写信，正式拒绝了瓜分波兰的所有提议，声明如果其他国家放弃它们在波兰占领的土地，奥地利女皇也会这样做。虽然如此，但奥地利宫廷却对参与瓜分波兰的观点摇摆不一。玛丽亚·特雷莎之子约瑟夫已经被选为神圣罗马帝国皇储，并同他的母亲共同治理匈牙利。他对瓜分波兰的观点与母亲截然不同。他准备与普鲁士达成协议。虽然约瑟夫年纪轻轻，但雄心勃勃，足智多谋，善于谋划。约瑟夫的许多政治观点都很新潮。他反对教权主义和封建主义，热衷改善百姓的生活。然而，执行计划时，约瑟夫却显得鲁莽而欠缺思考。他强烈赞成中央集权制。和他的先辈一样，约瑟夫非常渴望无所顾忌地为他的国家开疆拓土。1769 年和 1770 年，在和腓特烈大帝的会见中，约瑟夫很可能被腓特烈大帝有目的阿谀奉承所说服。考尼茨公爵对瓜分波兰的看法也开始动摇，或许在他看来，他最好去支持约瑟夫这个冉冉升起的太阳。无论如何，腓特烈大帝对获得奥地利对瓜分波兰的支持，没有感到绝望。他设法与叶卡捷琳娜大帝长时间协商，直到瓜分波兰的协议达成才罢休。

与此同时，俄国和普鲁士就瓜分波兰的细节以及它们各自将要获得的土地进行了多次讨论。腓特烈大帝放弃了但泽和托伦，但除此之外，他坚持要求获得整个西普鲁士。在与弟弟腓特烈·亨利·路易亲王的信中，他说："关于瓦尔米亚领地[①]，不值得获得，这块领地面积狭小，不能补偿它引发的纷争而导致的损失。但即使但泽没有纳入我们的版图，普鲁士波兰也很值得我们去争夺。因为我们将拥有维斯瓦河，凭借有利位置，我们可以毫无阻碍地与普鲁士波兰建立联系……在我们用心去完成这件小事时，贪婪和不知足的本性都体现在了这场交易中。我不希望欧洲将这场交易的达成归因于我的力量，因为这种看法与实际情况不符，交易的达成是大势所趋。"[②]"勇敢的犯罪"是伟大的腓特烈大帝的政治格言之一。他补充道："在将来的某个时候，对维斯瓦河的控制必然使普鲁士获得但泽。"

瓜分波兰的条约最终达成。1772年1月15日，佩恩伯爵和索尔姆斯男爵代表他们各自政府在圣彼得堡签署了两份条约。第一份条约宣称，俄国女皇和普鲁士国王宣布，鉴于"波兰共和国因国家领导层的意见分歧和波兰人民的堕落所导致的普遍混乱状态"，有必要将波兰的某些领土合并至他们各自的国家；俄国与普鲁士彼此承诺，一旦遭遇反对，两国应互为奥援。第二份条约规定了他们互相援助的条款，决定邀请奥地利女皇加入瓜分波兰的计划。

① 当时，腓特烈大帝已经出兵占领瓦尔米亚。——原注

② 艾伯特·索雷尔：《东方难题》，第141页。——原注

已经制订的瓜分计划交给维也纳的玛丽亚·特雷莎时，仍然遭到她极力反对。关于瓜分波兰的议题，她在给考尼茨公爵的信中写道："在上帝面前，一个人最好不要因为蝇头小利而丧失自己的名誉……正义不站在我这边，我的承诺、公德和常识都不允许我这样做。如果我们因蝇头小利而丧失名誉，那么其他国家将怎样看待我们？"

玛丽亚·特雷莎之子约瑟夫和考尼茨公爵再次感到了压力。他们向女皇进言：即使奥地利拒绝参与瓜分波兰的计划，也不能阻止俄国与普鲁士，除非诉诸武力。如果奥地利加入这场交易，那么战争将会避免，大量的杀戮也不会发生。面对这种现实，玛丽亚·特雷莎说："对此，我既不会同意，也绝不会屈服。"最终，她被说服了，但她仍然记录了自己的理由：

> 我赞成，是因为有这么多重要而学识渊博的人使我这样做。然而，在我死后的很长一段时间里，我们今天所违背的、我们视为神圣和公正的品质将再次崛起。

1772 年 2 月 19 日，玛丽亚·特雷莎女皇正式同意加入瓜分波兰的计划。她提出的条件是参与瓜分的三国地位应绝对平等，同时建议，就目前而言，交易应当保密。

俄国、普鲁士与奥地利瓜分波兰的条约大体已经达成，只剩下解决如何分配波兰领土的问题。这时，俄国已派军占领了波兰三分之二的领土。为了尽可能多地获得波兰领土，奥地利和普鲁士向波兰推进了它们的防疫封锁线。直到 7 月底，瓜分细节才最终敲定。关于瓜分细节，俄国、普鲁士与奥地利争论不休，讨价还价。此前，

讽刺画：玛丽亚·特雷莎（左）、叶卡捷琳娜大帝（中）与腓特烈大帝讨论瓜分波兰。让-米歇尔·莫罗（Jean-Michel Moreau，1741—1814）绘

讽刺画：三国君主强行瓜分波兰。三国君主相邻而坐，他们对面是波兰国王。波兰国王受缚，垂头丧气。绘者信息不详

奥地利对参与瓜分波兰不情不愿，但却渴望在交易中获得最大的利益，但它的企图受到俄国与普鲁士的抵制。腓特烈大帝对奥地利大使说："我冒昧地说，您主人的胃口很大。"[①] 佩恩伯爵在圣彼得堡抱怨道，奥地利的建议会彻底摧毁波兰。他指出，大肆瓜分波兰不是明智之举。他说："波兰必须作为一个缓冲国被保留下来，因为它能阻止它的三个邻国发生冲突。因此，我们应该留给波兰适当的存在力量，让它去完成它的使命。"

瓜分波兰的条约就这样签订了。条约的序言部分宣称，该条约以圣三一[②]的名义生效。俄国将获得波洛克（Polock）、维特斯科（Witesk）、姆斯季斯拉夫（Mscislaw）等地。与俄国西北边界相连的德维纳河（Dwina）、第聂伯河也归俄国所有。俄国获得波兰领土共三千平方里格[③]。奥地利将获得加利西亚、波多利亚（Podolia）一部分和小波兰（Little Poland），其边境可延伸至维斯瓦河。奥地利获得波兰领土共大约两千五百平方里格。普鲁士获得除但泽和托伦以外的波兰普鲁士，约九百平方里格。虽然三国获得的土地面积大小不一，但获得的人口数量差别不大。三国瓜分波兰的领土约占波兰总面积的四分之一。条约规定，剩余四分之三的波兰领土用于重建波兰。重建后的波兰有义务实行古老的无政府主义宪法，并受俄国、普鲁士和奥地利的保护。条约生效后，其内容应严格保密。当英国政府就此事质问考尼茨公爵时，他全然否认条约的存在。他称，奥地利从未考虑瓜分波兰。直至同年9月，该条约的内容才公之于众。三国认为，有必要通过声明，在欧洲公开宣布这份非比寻常而罪大

① 艾伯特·索雷尔：《东方难题》，第218页。——原注

② 圣三一（Trinity）是指圣父、圣子、圣灵三位一体。——译者注

③ 里格是长度单位。1里格=4.827千米。——译者注

恶极的条约是合理的，从而证明它们行动的正当性。

俄国、普鲁士和奥地利纷纷发布声明，波兰遭瓜分的土地原归它们的祖先所有，而现在它们不过是采取强硬措施收回罢了。这些声明由三国宫廷大臣炮制而出，其内容一文不值，唯一的效果是证明支持这种交易多么站不住脚，因为两百年以前波兰就无可争议地拥有这片土地了。

俄国在声明的序言中虚情假意地提出，俄国支持斯坦尼斯洛斯·波尼亚托夫斯基当选波兰国王，就已经表明俄国对波兰人民的善意。“斯坦尼斯洛斯·波尼亚托夫斯基的当选对恢复波兰昔日自由的荣光、确保王位选举制、削弱外国势力的影响都非常必要。外国势力已经深深扎根于波兰，成为波兰动乱和竞相争夺波兰的根源所在。”有人说，俄国女皇现在获得的波兰土地远远少于她有权获得的。谈到俄国在俄波边境占领五十俄里[①]波兰领土问题时，声明中称：“这是俄国维护边界和平的保证，一旦和平目标实现，这片领土就还给波兰。”

这段话似乎指出，不久的将来，波兰还将遭受另外一次瓜分。奥地利也用类似的语言做了相同的声明。提出奥地利自古以来就拥有匈牙利后，奥地利将拥有波兰最好的省——如波多利亚等领土的权利，归结为一种适度的对等产物。

普鲁士也用虚情假意的语调说：“我们相信，波兰民族将最终摆脱偏见，承认波兰从前对勃兰登堡家族强加的巨大不公。这种不公将通过一个公正而体面的条约来纠正。”

除了三国自圆其说的无罪辩护外，1772 年 9 月 26 日，三国宫廷还发布了联合声明。谈到它们在斯坦尼斯洛斯·波尼亚托夫斯基

① 俄里是长度单位。1 俄里≈ 1.0668 千米。——译者注

当选波兰国王所扮演的角色时，声明称：

> 一切看似给波兰和波兰的邻国许下了获得稳定而持久平静的诺言。但不幸的是，持续动乱已经是波兰国内的常态，国民之间的武装对抗，使法律、秩序、公众安全、公正、警察、商业和农业等要么遭受摧毁，要么接近毁灭的边缘。如果这种状况不及时阻止，此类现象还将大量发生，这种无秩序的结果便是波兰被彻底瓜分。

俄国、普鲁士和奥地利甚至继续辩解，表明它们有义务确保波兰的无政府状态，从而保障它们各自边境的和平。三国认为，如果波兰被彻底瓜分，就很可能会给它们带来不确定性后果的影响。它们分别确认了根据条约瓜分的波兰领土的所有权，并补充称："互惠互利地交流了它们的权力和诉求，相互确保领土的划分是建立在公正的基础上后，俄国、普鲁士和奥地利决定通过立即有效地占领相应的波兰领土。这或许能进一步巩固它们与波兰之间以及三国之间自然而可靠的密切联系。"

斯坦尼斯洛斯二世在大臣们的支持下，以波兰在过去两百年就拥有这些被俄国、普鲁士和奥地利夺走的领土为依据，发表了一份反对以上声明的宣言。他用最严肃的方式宣布，他将夺取波兰领土的行为视为不公正的暴力行为，这种行为违背了他的法定权力。他以波兰与以上国家达成的保护波兰王国的条约为依据进行了反驳。

奥地利代表三国对此回复道："看到波兰国王对三国宫廷提出有关瓜分波兰要求的宣言反应如此之小，奥地利女皇感到难以形容的震惊……三国的正义和尊严规定了它们的自我节制界限。这个事实既不会逃过波兰国王的眼睛，也不会让他感到无动于衷。”此外，奥地利还补充道：“女皇希望波兰国王不会将他的国家带入延迟召开议会的境地，而应该带领他的国家开始进入谈判，唯有这样才能拯救他的国家……”

获悉斯坦尼斯洛斯二世做出让步并同意召开议会后，俄国、普鲁士和奥地利将视线转向让不幸的波兰议会批准它们的瓜分计划上来。1773年4月10日，波兰召开了议会。外国军队占领了整个波兰。华沙被俄国、普鲁士和奥地利的军队控制。三国宣布，将反对它们瓜分计划的波兰议员视为敌人。腓特烈大帝在他的《回忆录》里承认，波兰议会的议员被提前告知，如果他们不接受提交上来的议案，整个波兰将会遭到瓜分；如果议会能通过瓜分条约的议案，外国军队将按此前商定的协议撤离波兰。议员结盟没有使用“一票否决制”。绝大多数议员投票通过了该议案。为了贿赂议员，三国花费了大量金钱。为了达到瓜分的目的，三国还筹集了公共资金。虽然三国为

波兰议员倒地、袒胸，抗议瓜分条约。扬·马特吉克（Jan Matejko，1838—1893）绘

达目的付出了诸多的努力，但议会中仍然存在强烈的反对意见。许多议员发表了言辞激烈的反对此议案的演讲。直到 8 月 5 日，议会才最终批准了瓜分条约。议员们同意按照俄国指示，成立拥有行政权的常设委员会。国王名义上仍是最高元首，但一切实权均被俄国大使控制。

现在，对波兰的第一次瓜分已经完成。俄国、普鲁士和奥地利占领了它们商定瓜分的土地。人们会看到，几年内由必然逻辑引发的暴行还将促使三国进一步瓜分波兰，最终，波兰作为一个国家彻底覆亡。因此，最好考虑一下谁应对第一次瓜分波兰负责。

腓特烈大帝为他的行为做了辩解。1773 年 10 月 9 日，他在给伏尔泰的信中写道：

> 回到你所说的波兰问题上来吧。我意识到，欧洲普遍认为，迟到地对波兰的瓜分是由我一手策划的政治阴谋造成的。然而，这不是事实。在若干次艰难的商定和变通的建议无效后，波兰无路可选，要么被瓜分，要么迫使欧洲其他国家全面开战。表象是不可靠的，而公众只按照事物的表象来判断是非曲直。我告诉你的真相，就像欧几里德（Enclid）几何学第四十七个命题一样真实。

伏尔泰高度赞同、热烈欢呼瓜分波兰。关于这一点，与他同时代的卢梭（Rousseau）持截然不同的看法。在引导欧洲民主力量反对瓜分计划方面，卢梭具有重要的影响。我们应该知道，伏尔泰是领取腓特烈大帝津贴的人，而卢梭虽然生活贫苦，但仍然拒绝腓特烈提供给他与伏尔泰同样多的生活费。波兰第一次遭瓜分前，卢梭撰写的众多著作里都表现出对波兰条约的关注和同情[①]。

显然，腓特烈大帝的免责声明并没有给伏尔泰留下很深的印象。11 月 6 日，他在给普鲁士国王的一封信中写道："人们断言，正是你构想了瓜分波兰的计划。因为该计划本身充满智慧，加之达成的条约是在柏林签订的，所以我对此深信不疑。"在他给普鲁士国王的另一封信中说道："三十年前我就预料到你将大有作为。但我从未想过，你竟有如此大的魄力，这超出了我的想象。你的成就总是震惊世界。虽然我不知道你将在哪里驻足，但我知道普鲁士之鹰会飞得更远。"接着，伏尔泰表达了在他有生之年，看到如此光荣之事发生的喜悦之情[②]。

12 月 6 日，腓特烈大帝在回信中写道："我对在波茨坦签订的协议毫不知情。我只知道圣彼得堡发生的事情。被新闻作者蒙蔽的公众，常常尊敬那些与事情毫无关系的人。"通过这封回信，我们能明显看出，腓特烈大帝摆脱公众对他的憎恨的心情多么迫切。

著名的历史学家、《腓特烈大帝史》的作者托马斯·卡莱尔认同以上的免责声明。他花费了大把力气来证明他的英雄腓特烈大帝对瓜分波兰不负有责任。他甚至认为，实施瓜分波兰的过程中，他的英雄不是主谋。托马斯·卡莱尔说：

> 在史学界，许多人仍然认为波兰被瓜分是腓特烈大帝造成的。然而，虽然有两件事情不为史学界中某些人所知，但似乎相当清楚：一是在波兰历史上，瓜分波兰是不可避

① 卢梭：《卢梭集》，第五卷，第 273 页。——原注
② 伏尔泰：《伏尔泰集》，第二十四卷，第 93 页。——原注

伏尔泰。伏尔泰是腓特烈大帝的好友，长期接受腓特烈大帝的资助。波兰被瓜分后，伏尔泰没有表示同情，而是欢呼。绘者信息不详

卢梭。他与伏尔泰齐名，但他甘受清贫，拒绝接受腓特烈大帝的资助。他对波兰被瓜分仗义执言。绘者信息不详

免的历史事件；这是全能的上帝和永恒的自然法则作用的结果；二是在瓜分波兰事件上，腓特烈大帝并未做过任何特别的事情，他与挑起或是造成波兰被瓜分没有任何关系。毫无疑问，永恒正义的要求必须得到实现……如果法律忠于上帝的意志，那么不管新闻作者如何叫嚣，路边犬怎样狂吠，推进这件事发展无疑是最有价值的。就道德角度来看，在瓜分波兰事件上，我并未找出腓特烈大帝取得的任何丰功伟绩或者他所犯的过失。我只是毫无疑问地接收上帝的意志，顺从了上帝的指示。①

在波兰无政府状态、治国无方以及上帝惩罚波兰人的天意方面，托马斯·卡莱尔、海因里希·冯·西贝尔以及德国其他一些历史学家的观点都是一致的。他们认为，波兰人应对引起波兰毁灭的普遍问题负责。他们都竭力为普鲁士的行为寻找借口。在本书之后的章节，评价造成波兰灭亡的第二次和第三次瓜分时，我们将对谁该为瓜分波兰负责的议题展开详细讨论。在此最好指出，在第一次瓜分波兰时腓特烈大帝所承担的责任上，海因里希·冯·西贝尔的结论与其他人正好相反。他说："第一次正式瓜分波兰的建议由普鲁士提出。如果不是普鲁士的提议，波兰将保持独立完整。"②

在俄国、普鲁士和奥地利达成的条约内容和外交记录方面，阿尔伯特·索雷尔可能比托马斯·卡莱尔了解得还全面。在阿尔伯特·索雷尔后来创作的有关谁应对第一次瓜分波兰负责的著作中，他表

① 托马斯·卡莱尔：《腓特烈大帝史》，第六卷，第481页。——原注

② 海因里希·冯·西贝尔：《法国大革命史》，英文版，第五卷，第347页。——原注

达的观点与海因里希·冯·西贝尔相同。在帮助瓜分计划付诸实施、克服重重困难、实现瓜分目的等问题上，腓特烈大帝在他的《回忆录》里承认，他是通过"协商和密谋"的手段获得波兰领土的。托马斯·卡莱尔在他著作的另外一章认同了这个观点。

> 没有人认为腓特烈大帝会顾及波兰，会对波兰宽宏大量，或者认为他会对这个衰落的国家给予最起码的尊重或者怜悯。也没有人会否定腓特烈大帝在执行瓜分波兰（尽管腓特烈大帝认为瓜分不可避免，但并没表达出来）中所展现的卓越才能、智慧和付出的巨大耐心；所有见多识广的人都不会否认腓特烈大帝在落实计划时付出不懈努力却不居功自傲的表现以及使波兰避免战争所发挥的作用。[①]

我们认为，仔细审查这一时期签署的所有协议的人会得出这样的结论：腓特烈大帝应对发起瓜分波兰的计划负责；该计划的实现主要但并不唯一归结于他长期以来的努力；他的目标不是维护和平，而是获得他认为对普鲁士的利益至关重要的领土。

毫无疑问，第一次瓜分给欧洲带来深刻的痛苦。在一个恰当表达这种感情的段落中，威廉·莱基说道："要说瓜分波兰（1772年）动摇了政治秩序，践踏了公德，弱化了欧洲的公共法律，这一点绝不夸张。它是强权串谋，合力掠夺弱国的例子。这种行径比窃贼、强盗好不到哪里去，更与荣耀、诚实或者仅有的体面无关。"[②]

① 托马斯·卡莱尔：《腓特烈大帝史》，第6卷，第477页。——原注
② 威廉·莱基：《英格兰史》，第5章，第217页。——原注

第三章 CHAPTER

波兰宪法改革

精彩看点

1788年爱国运动席卷波兰—以修改宪法为宗旨的议会召开—宪法改革计划遭到大贵族反对—1791年5月3日波兰议会通过《改革法案》—新宪法获得大多数波兰人的支持—各国对波兰新宪法的态度—俄国对波政策的本质—叶卡捷琳娜大帝的愤怒和计划—腓特烈·威廉二世对时局的分析—腓特烈·威廉二世提议与波兰结盟—《普波条约》—叶卡捷琳娜大帝调整对外政策—叶卡捷琳娜大帝推出最损人利己的计划—腓特烈·威廉二世的大臣们反对波兰新宪法的理由—腓特烈·威廉二世向波兰保证普鲁士坚定履行《普波条约》确定的义务—海因里希·冯·西贝尔的评论—腓特烈·威廉二世欺骗波兰的原因

1772年，波兰遭到第一次瓜分后，获得了几年的喘息时间。其间，波兰并未发生重大事件。虽然波兰已经失去约四分之一的领土，但它依旧在欧洲占有重要的地位。波兰领土面积居欧洲第三位，人口数量居欧洲第五位。按照此前的约定，奥地利和普鲁士的军队已经从波兰撤离，但俄国继续对波兰的行政机构施加绝对的影响。斯坦尼斯洛斯二世在波兰差不多是个无足轻重的人，他对波兰既没有影响力，也不受波兰人的爱戴。波兰无政府状态的宪法一直受到俄国和普鲁士的维护，两国的目的是让波兰继续处于虚弱和附庸的状态，阻碍波兰实施提高人民生活水平、增强抵御外敌能力的措施。自1772年以来，统治者的死亡接踵而至。1786年，腓特烈大帝驾崩，他的侄子腓特烈·威廉二世（Frederick William）继位。与前者相比，后者显得软弱无能。1780年，玛丽亚·特雷莎驾崩，她的儿子约瑟夫继承皇位，称"约瑟夫二世"。这对奥地利来说是一种幸运。1790年，约瑟夫二世驾崩，后继之君是他的弟弟利奥波德二世（Leopold），他是一位富有远见、睿智的统治者。在第一次瓜分波兰的主角中，只有叶卡捷琳娜大帝和有名无实的波兰国王斯坦尼斯洛斯二世还在世。1793年至1795年，他们继续参与了波兰最后灭亡的进程。

1788 年，爱国运动席卷了整个波兰。波兰人民对国土沦陷和政府无能感到羞耻。从某种意义上说，这次爱国运动和不久后在法国爆发的大革命所倡导的民主原则相一致。但它又与最终获得法国国会（National Assembly of France）控制权的极端做法不同。

经国王斯坦尼斯洛斯二世同意，1788 年 10 月 6 日，波兰议会在华沙召开。这次议会的主要目的是修订波兰宪法；主要指导思想是增强波兰国力、赋予议会行政权力、恢复国内秩序、利用国家资源抵御外敌等。

为了将波兰从“一票否决制”的沉重负担中解放出来，议员们结了盟。议会召开前，面对俄国向波兰施加的压力，议会表现出强烈的厌恶。议会撤销了俄国在 1773 年设立的、主要用来控制波兰的常设委员会。议会坚决要求俄国军队全部从波兰撤离。接着，议会讨论了宪法改革的细节。这场无休止的讨论持续了四年。宪法改革的计划遭到波兰少数派强烈的反对和阻挠。一部分少数派由大贵族构成。面对改革，大贵族惊慌失措，他们担心其特权会受到改革后的议会的限制；另一部分少数派则由接受俄国政府资助的人员组成。从法律上讲，议会每两年选举一次议员，议员两年期满后，再进行新一轮选举。新当选的罗马教皇的使者与之前的使者一同进入议会，这样一来，议员人数翻了一番。于是，繁冗的议会程序被成倍延长了。

经过冗长的讨论，议会领导和国王斯坦尼斯洛斯二世进行多轮辩论后，宪法改革的结论才以“政变”的形式得出。1791 年 5 月 3 日，议会召开的当日，议会大厦被密集的人群包围。通往议会大楼的道路由波兰军队把守。议会的典礼官宣读了一份由外事委员会（Committee on Foreign Affairs）准备的报告，然后议会进入了流程。该报告指出，必要的改革因长期拖延而没有实施，造成了国家目前面临的危险局面。在报告的结尾部分，议会的典礼官转向在场的国王斯坦尼斯洛斯二世，说道："尊敬的陛下，准备拯救国家的措施是您的责任。"之后，国王斯坦尼斯洛斯二世拿出了由爱国委员会（Committcc of Patriots）事先准备的《改革法案》开始宣读。

经过七小时激烈讨论，在欢呼声中，《改革法案》的全部内容经表决通过，只有十二位议员用悲伤的沉默面对庆祝。之后，国王正式宣誓，维护并遵守新的宪法。接着，国王邀请全体议员随他前往教堂。在那里，他宣誓效忠新宪法。他们在众人的注视之下，以庄严的形式，完成了全部仪式。这是斯坦尼斯洛斯二世在他任期内第一次也是唯一一次带着尊严和应有的爱国热情进行的活动。《改革法案》的前言里这样写道："国家的所有权利来源于国家的意志。"

1791 年 5 月 3 日波兰议会召开的现场。卡奇米日·沃纳科斯基（Kazimierz Wojniakowski，1771—1812）绘

而这句话也被法国国会在相似的背景下所使用。

新宪法规定，将来波兰应采用王位世袭制，现任国王驾崩后，王位应由萨克森选帝侯和他的后代来继承。“一票否决制”和议会联盟的权利被废除，因为这些与新宪法弘扬的精神相悖，会给国家带来许多问题。绝大部分议员对此表示赞同。地方议会（Provincial Dietines）的权力受到削弱。从此以后，议会由两个议院组成。国王只有暂时的否决权，直到另外一个议会选出。国王在对议会负责的六位大臣的辅佐下治国理政。国王拥有军队指挥权和人事任免权。从前没有选举权的城镇市民将获得选举权，可以与贵族阶层一起选举议员。新宪法将罗马天主教确定为国教，对其他教派持包容态度，但禁止信徒叛教。财政制度得到彻底修正。虽然农民没有获得选举权，但他们的生活条件得到了一定改善。新宪法还规定军队扩充至十万人。

毫无疑问，绝大多数波兰人赞同议会颁布的新宪法。新宪法内容传遍各地，人民为之欢呼雀跃。地方议会批准了新宪法。在华沙的英国大使向格伦维尔（Grenville）勋爵汇报道，各国表面上大都对新宪法没有表示反对，只有俄国短暂地表示强烈的反对。之后，这唯一的反对之声也销声匿迹了。

从对新宪法的简要描述中可以看出，新宪法向通往民主的道路上迈出了一小步。新宪法努力将波兰由无政府的混乱状态逐步改变成有序的状态，从而增强国力。新宪法得到欧洲许多思想家的热情支持，其中包括埃德蒙·伯克[①]。埃德蒙·伯克憎恨法国大革命，但对波兰的宪法改革却高度称赞。他写道：“人类应该为波兰的改

① 埃德蒙·伯克（Edmund Burke，1730—1797），爱尔兰的政治家、作家、政治理论家和哲学家。他支持美国独立，反对法国大革命。他经常被视为现代保守主义的奠基者。——译者注

变感到欣喜和自豪。”世界各地对斯坦尼斯洛斯二世好评如潮，甚至连梵蒂冈也对他不吝溢美之词。

事实已经证明，支持、促进波兰无政府状态，妨碍波兰进行宪法改革，阻止波兰巩固政权，是俄国多年来一直坚持的对波政策。因此，当波兰议会讨论并通过改革措施时，叶卡捷琳娜大帝深感怨恨和耻辱。她认为斯坦尼斯洛斯二世背叛了她。于是，她决心让他出丑，破坏被她视为蔑视俄国权威的波兰新宪法。然而，波兰议会在讨论宪法修正案的四年时间里，俄国正与土耳其、瑞典大战。因此，俄国无力干涉波兰内政，从某种程度上说，它无论如何也不能

埃德蒙·伯克。约书亚·雷诺兹(Joshua Reynolds，1723—1792)绘

使用武力来解决波兰问题。然而，叶卡捷琳娜大帝竭力通过与反对新宪法的波兰少数贵族密谋，保持在波兰的影响力。为了达到目的，她已经支付大笔的贿金。

接下来的事件表明，虽然普鲁士国王腓特烈·威廉二世已经做好一切准备去参加第二次瓜分波兰领土，但他发现，延迟瓜分计划，充分利用波兰宪法的改革，可以从中获益。1788 年，波兰议会讨论新宪法期间，腓特烈·威廉二世盘算着，支持波兰或许对与英国、荷兰等海上强国作战的普鲁士有益。他打算对抗俄国，以牺牲土耳其的利益为代价，阻止俄国势力向黑海沿岸扩张。因此，不管怎样，

腓特烈·威廉二世。安东·格拉夫（Anton Graff，1736—1813）绘

腓特烈·威廉二世都希望波兰摆脱俄国的控制。他主动提议，与波兰政府建立密切的同盟关系。

普鲁士与波兰讨论结盟的细节持续了很久，直到1790年3月29日，两国才正式签订条约。条约规定：普鲁士郑重承诺，保证波兰完整，在波兰遭受任何一方攻击时给予援助，承认波兰人民有权修正宪法。普鲁士国王宣布，赞同波兰宪法改革，还特别建议萨克森选帝侯世袭波兰王位，许诺用自己的影响力争萨克森选帝侯在现任国王斯坦尼斯洛斯二世驾崩后继承王位。

《普波条约》动摇了俄国在波兰的优势地位，叶卡捷琳娜大帝对此非常恼火。她决定采取行动，全力破坏波兰新宪法，削弱波兰的实力，使波兰服从俄国的意志。因此，她决定尽快结束俄土战争，腾出手有效地处理波兰问题。她不会满足于把变波兰变为俄国的附庸国。她决定兼并波兰另外一大片领土，使其成为俄国的一个省。

1791年8月11日，俄国从俄土战争中抽身。接着，俄国与土耳其在加拉茨（Galatz）初步达成和约。为了达到目的，叶卡捷琳娜大帝暂时放弃了抢占土耳其领土的计划。英国建议俄国占领黑海沿岸的奥特察考夫（Otchakoff），这使叶卡捷琳娜大帝很满意。奥特察考夫位于德涅斯特（Dneister）和布尔格（Bourg）之间，是比萨拉比亚（Bessarabia）的一个地区。这个地区之前差点儿导致英国和俄国爆发战争。叶卡捷琳娜大帝打算撤回俄国在土耳其的军队，然后向波兰进发。为了获得尽可能多的领土，她放弃了南下，选择了西进。

叶卡捷琳娜大帝感到，面对奥地利和普鲁士的阻拦，她的任何一个目标都实现不了。与其他国家合作或者得到其他国家的帮助，即便对她不是绝对必需的，也未尝不是一种权宜之计。但在这种情况下，她必须分给与它合作的国家一杯羹。这时，如果奥地利与普鲁士正与他国交战，那么它们都无力反对她的瓜分大计，于是她便能毫无阻碍地独自实现她的目标。经过种种考虑后，叶卡捷琳娜推出了最损人利己的计划，即让奥地利与普鲁士卷入反法战争。然后，趁两国军队与法国全面开战之际，抓住机会，俄国将按照她的意愿，独自获得尽可能多的波兰领土。在这一点上，形势对她十分有利。因为在1791年，法国革命进入了高潮。而法国的邻国们都非常害怕法国革命所提倡的原则传向自己的国民。法国王室（Royal Family of France）正向欧洲其他国家的君主求助，希望他们能保全法国王室，恢复法国君主制及其衍生的制度。近几年，我们从叶卡捷琳娜大帝的往来信件中发现了她的那个损人利己的计划。格林姆教授是一位富有才华的哲学家。叶卡捷琳娜大帝常与他通信。1791年6月2日，她在写给格林姆教授的信中充分阐述了她的计划。她写道：

> 我绞尽脑汁，设法使维也纳和柏林的内阁插手法国事务。我希望看到它们被一些复杂的问题缠住。这样一来，我就能腾出手来处理波兰问题了。我有太多抱负没有实现……使奥地利和普鲁士忙于其他事务是有必要的。最后，它们或许不会阻止我带领它们获得一个皆大欢喜的结局。

为了完成大计，叶卡捷琳娜大帝假装非常担忧法国革命的发展，同时假装盼望欧洲各国缔结同盟，维护法国君主制，恢复法国专制统治，镇压法国革命。虽然她个人或许非常同情法国王室、憎恨法国革命，但通过她接下来的行动可以断定，她丝毫未打算让俄国卷入反对法国革命的战争中，或者她从未打算为了不幸的法王和法国王室的利益去让俄国人流一滴鲜血。对她而言，法国革命只是转移他国注意力的托辞和借口。她的主要目的是获得波兰领土，尽管这不是她唯一的目标。于是，叶卡捷琳娜指控波兰爱国分子受到法国共和派所提倡的革命原则的煽动。她以消除革命原则的侵害、阻止革命原则在波兰传播以及与欧洲其他国家的君主一起阻止民主进程、拯救欧洲王权为借口，来证明她瓜分波兰的合理性。

然而，直至 1792 年 1 月，俄国才与土耳其最终签订和约。而现在叶卡捷琳娜大帝终于能够实施她的计划了。她立即命令俄国军队向波兰边境进发。在一封她写给俄国首相马尔科夫（Markoff）的信中，谈到关于如何处理与奥地利、普鲁士关系的问题时，她说：“如果奥地利与普鲁士反对我的计划，我将建议它们要么获得赔偿，要么瓜分波兰。”

与此同时，虽然波兰新宪法遭到俄国和受俄国资助的亲俄的波兰人的反对，但在 1791 年 5 月 3 日，波兰新宪法仍然对外公布了。新宪法呈送到普鲁士政府，要求获得普鲁士的认可和支持。我们现在知道，腓特烈·威廉二世的大臣们都强烈反对波兰新宪法。他们起草了一份反对波兰新宪法的正式报告。他们的主要反对意见是新宪法主张在斯坦尼斯洛斯二世驾崩后，由萨克森选帝侯世袭波兰王位。他们认为，普鲁士只有六百万人口，一旦总人口一千一百万的萨克森加入波兰，就会严重威胁到普鲁士的利益。波兰人口众多，国民几乎都信奉天主教，而且它的地理位置位于奥地利和普鲁士之间，因此它可能会受到奥地利与普鲁士任意一国的影响。他们说，影响波兰的国家不一定是普鲁士，除非波兰继续采用选举君主制。虽然该报告出自腓特烈·威廉二世信任的大臣们之手，但他的一贯作风是按照他身后的其他人的建议行事。于是，他决定驳回报告。5

月 8 日，他向波兰大使表达了他对新宪法的真心的赞同，并由衷地建议波兰王位由萨克森选帝侯继承。他一再向波兰大使强调，一定要确保他的意思传达到华沙。腓特烈·威廉二世称他将不折不扣地履行《普波条约》中普鲁士对波兰的义务。5 月 23 日，他写给斯坦尼斯洛斯二世一封私人信件。在信中，他说："我对我有能力去维护波兰王国的自由和独立感到庆幸。支持波兰，并与波兰结成更加紧密的同盟关系是我最愉快、最关心的事情之一。"[①] 他还写信力劝萨克森选帝侯弗雷德里克·奥古斯都一世（Frederick Augustus I）接受波兰王位的世袭继承权。

历史学家、普鲁士的辩护者海因里希·冯·西贝尔对这场交易的评论如下：

> 每个热爱普鲁士的人肯定会感到遗憾，因为大臣们的报告没有获得御准，遗憾普鲁士没有当着世人的面放弃《普波条约》。毫无疑问，普鲁士与波兰不可能建立牢固的联盟关系。这个事实应该公开承认，否则拖延得越久，普鲁士因背信弃义而遭到指责的危险就越大。

海因里希·冯·西贝尔的评论非常重要，因为它表明，在这个爱国的德国人看来，普鲁士国王在此次事件中的行为使他公开背上了背信弃义的骂名。

对比普鲁士国王现在的行为与数月后他抛弃波兰、参加瓜分波兰的行为，我们只能得出这样的结论：他故意欺骗波兰政府，并且

① 弗莱彻：《波兰史》，第 204 页。——原注

他一开始就已经做好了背信弃义的充分准备。事实上，普鲁士国王向波兰表示支持波兰宪法时，俄国与土耳其的战争尚未结束。普鲁士仍然存在被卷入战争的风险。在这种形势下，对普鲁士国王而言，疏远波兰似乎是危险的，因为这可能迫使波兰投向俄国的怀抱。一旦俄国与普鲁士的矛盾激化，那么普鲁士可以通过支持波兰新宪法来获得波兰的援助。普鲁士国王使波兰脱离了旧联盟，或者说使波兰摆脱了俄国的羁縻。他心里肯定了如指掌，他的支持对波兰维护新宪法、破坏俄国的阴谋同等重要。

一旦普鲁士同俄国发生战争的危险排除了，腓特烈·威廉二世就态度鲜明地表明了他的意图，即愿意再次加入瓜分它的盟国——波兰的阴谋。普鲁士向波兰提出的第一个建议是：将但泽和托伦割让给普鲁士，从而换取对波兰有利的商业条约。但泽和托伦及其周

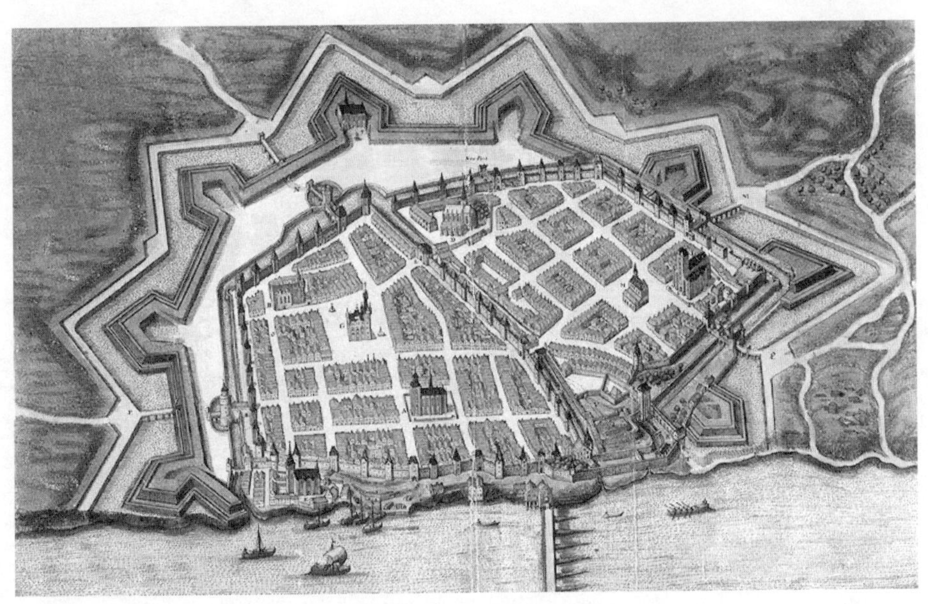

托伦是波兰北部的一座城市，坐落在维斯瓦河中游。绘者信息不详

边地区住着德意志人。毫无疑问，对普鲁士来说，将这些德意志人并入普鲁士非常重要。根据 1772 年的瓜分条约，这些地区围起来的“飞地”受普鲁士管理。英国支持普鲁士的诉求，建议波兰同意普鲁士的提议。然而，因为但泽是波兰唯一的入海口，所以普鲁士的建议遭到波兰人民的强烈反对。随后，普鲁士政府取消了这个计划。然而，没过多久，种种事件表明，普鲁士早已抛弃了支持波兰的郑重承诺，加入了瓜分波兰的行列中。

第四章

CHAPTER

反法联盟

精彩看点

腓特烈·威廉二世关注路易十六和玛丽·安托瓦内特王后的命运—利奥波德二世反对干预法国革命—波兰问题成为反法联盟形成的障碍之一—皮尔尼兹会晤—阿图瓦伯爵的呼吁—叶卡捷琳娜大帝的阴谋没有得逞—皮尔尼兹会晤没有引起英国重视—玛丽·安托瓦内特王后的真实意思—利奥波德二世得出战争不可避免的结论—奥地利与普鲁士缔结正式条约—关于波兰问题的约定—莫顿·伊甸写给格伦维尔勋爵的信—利奥波德二世驾崩是波兰的噩耗

此时，欧洲发生了推迟瓜分波兰的其他重要事件。波兰似乎燃起了从其他方面获得支持、抵抗俄国的希望。法国革命愈演愈烈、如火如荼。路易十六和他的王后玛丽·安托瓦内特担心性命不保。面对摇摇欲坠的法国君主政体，他们绝望了。在未获得外国援助的情况下，他们只能孤注一掷地向欧洲其他国家的君主求助。玛丽·安托瓦内特的兄长是奥地利国王利奥波德二世。他们向利奥波德二世发出了特别援助请求。

普鲁士国王腓特烈·威廉二世比他的大臣们更关注他们的命运。于是，奥地利和普鲁士恢复了邦交。两国就武力干涉法国革命进行了多次讨论。然而，利奥波德二世反对干预法国革命，认为奥地利应该作壁上观。他的首相考尼茨公爵也认同他的观点。虽然利奥波德二世认为他有帮助妹妹玛丽·安托瓦内特的义务，但他强烈建议他的妹妹玛丽·安托瓦内特和妹夫路易十六与法国国会妥协。他希望通过这种方式，使奥地利避免卷入法国革命的漩涡中。

然而，普鲁士国王却迫切地希望普鲁士能干预法国革命。他个人对法国革命的发展形势感到担忧。他的大臣们并不像他那样赞成普鲁士参加反法战争。普鲁士国王承认，为了拯救法国君主制，只有诸国联盟的情况下，才可以发动反法战争，如果单独作战，他是不会参加的。因此，为了结成反法联盟，普鲁士与奥地利进行了多次协商。两国讨论的首要问题便是波兰问题。很显然，在波兰问题还没有达成一致的情况下，两国不可能去讨论对法作战的策略。1791 年 7 月 25 日，普鲁士与奥地利就波兰问题终于达成了协议。数月后，即 1792 年 2 月，两国正式签署条约。条约规定，两国都不得以任何形式瓜分波兰现有的领土或者反对波兰的自由宪法；两国相互保证各国现有的领地完整，在任何一国发生内乱的情况下，另一国必须向对方提供援助。于是两国就立即推进欧洲各国共同支持法国君主制达成了一致意见。

为了进一步确保条约得到落实，1791 年 8 月 25 日，利奥波德二世和腓特烈·威廉二世在萨克森的皮尔尼兹（Pilnitz）会晤。会晤的目的是商讨采取怎样的积极措施去干预法国革命。参加会晤的

1791 年利奥波德二世与腓特烈·威廉二世在皮尔尼兹会晤。
约翰·海因里希·施密特（Johann Heinrich Schmidt）绘

人员还有路易十六的弟弟阿图瓦伯爵[①]，他代表法国流亡贵族的观点，他强烈呼吁奥地利与普鲁士援助法国，镇压法国革命，恢复法国革命前的政治制度。然而，他的呼吁并未给这两国君主留下深刻的印象。两国君主决定，在没有获得其他欧洲国家支持的情况下，奥地利与普鲁士不会干涉法国革命，同时倡议邀请所有欧洲国家进行合作。如果欧洲各国能联合起来支持反法战争，那么奥地利与普鲁士则会采取积极措施，干预法国革命。换句话说，两国即将采取的所有行动都视欧洲其他国家合作的状况来定。然而，众所周知，当时英国没有参加反法战争的打算。因此，这次会晤无果而终，因为奥地利与普鲁士此前决定的所有反法策略都无法实现。这时，利奥波德二世无意干涉法国革命的愿望成真了，他在给考尼茨公爵的信里说："你或许和我一样安心。"利奥波德二世回避了他应履行的同法国交战的义务。"那么，在这种情况下，"他说，"法律和先知与我同在。"

虽然两个德意志国家的君主举行了会晤，但他们并没有达成进行反法战争的任何决定，这就挫败了叶卡捷琳娜大帝的阴谋。奥地利与普鲁士表面上同意尊重波兰的领土完整和波兰的新宪法，支持波兰议会制定的关于萨克森王室世袭波兰王位的建议。两国也同意劝说萨克森选帝侯弗雷德里克·奥古斯都一世接受波兰王位。

虽然英国已经获悉皮尔尼兹会晤的相关内容，但没有重视利奥波德二世与腓特烈·威廉二世达成的协议的重要性。究其原因似乎是 1791 年 8 月，英国驻柏林大使尤尔特（Ewart）向格伦维尔勋爵

① 阿图瓦伯爵是路易十六和路易十八之弟。路易十八驾崩后，他继承王位，称"查理十世"。他是波旁王朝复辟后的第二位也是最后一位君主。——译者注

汇报了他与7月已经接替赫茨伯格伯爵职务的普鲁士大臣舒伦堡伯爵的谈话内容。尤尔特说：奥地利保证波兰领土完整的承诺使舒伦堡伯爵感到满意，但他同时认为，这对消除俄国的野心作用不大；舒伦堡伯爵相信，一旦利奥波德二世发现不可能阻止俄国的野心，就会被迫加入再次瓜分波兰的计划，而即便在奥地利没有参加瓜分波兰的情况下，普鲁士也不能避免参加瓜分波兰的计划。这是对再次瓜分波兰计划的第一次正式暗示。不久，俄国和普鲁士便实施了这个计划。

皮尔尼兹会晤发生在路易十六和他的家人从瓦雷纳（Varennes）被迫返回家园[①]后不久。三个月后，法国人民接纳了由法国立宪议

路易十六携家人从瓦雷纳返回巴黎途中。琼·杜普莱西斯·贝尔托（Jean Duplessis-Bertaux，1747—1818）绘

① 档案局：1791年8月4日尤尔特写给格伦维尔勋爵的信。——原注

会（Constituent Assembly of France）精心选出的合乎宪法规定的国王。路易十六宣布接受立宪议会的决定。玛丽·安托瓦内特王后也在一封给哥哥利奥波德二世的信中，宣布接受立宪议会的决定。信的内容由安托万·巴纳夫（Antoine Barnave）和议会立宪派领导人为她起草。利奥波德二世将此信视为法王和王后真正意图的表达。但他仍然决定，只要有可能，奥地利就应避免卷入同法国的战争。因此，他没有理会玛丽·安托瓦内特王后之后寄来的另外一封信。在信中，

安托万·巴纳夫是法国大革命初期最有影响力的演讲家之一。约瑟夫·博塞（Joseph Boze，1746—1826）绘

玛丽·安托瓦内特王后抗议道，之前的信没有表达她的真意，却传达了与她想法相反的意思。她强调，为了拯救王室，镇压革命，武力干涉是极重要的。

虽然正如利奥波德二世期望的那样，皮尔尼兹会晤以及奥地利与普鲁士随后发表的宣言暂时避免了反法战争的开始。不过，法国国会和法国人民将皮尔尼兹会晤以及会晤后的宣言中使用的抵抗革命的威胁言辞视为对法国的仇恨以及奥地利与普鲁士通过入侵和战争手段，破坏法国新宪法、恢复绝对君主制的决心。阿图瓦伯爵和法国流亡贵族们也都这样认为。遍布欧洲各国的法国流亡贵族也认为法国革命注定失败。于是，他们感到欣喜若狂。这种有所保留的表达方式被利奥波德二世认为体现维护他的立场，但不被法国人民接受。欧洲各国将奥地利与普鲁士的宣言当作战争不可避免的宣言。因此，这种无限制地对宣言的传播恶化了局势，进一步坚定了利奥波德二世避免干涉法国革命的决心。

1791 年秋，发生的所有事都有走向战争的可能。巴黎发生的重大事件、国民议会对外事的激烈辩论，特别是采取限制阿尔萨斯的德意志贵族权力的行动来反对奥地利，以及强烈要求获得路易十六和玛丽·安托瓦内特王后援助的法国流亡者反对特里尔选帝侯（Elector of Treves）等因素，使利奥波德二世在最不愿意的情况下得出这样的结论：战争不可避免。

尽管利奥波德二世不信任普鲁士，但他却同普鲁士国王继续协商。1792 年 2 月 7 日，奥地利与普鲁士在此前达成的初步协议基础上，缔结了一份正式的条约。条约规定，两国互相保证，一旦任何一方遭受攻击，另一方应向对方提供援助。该条约也包括此前已经提到的波兰问题。与之前的条约相比，该条约特别强调，奥地利与普鲁士一致同意尊重波兰的自由宪法，并认为波兰1791年通过的新宪法对它们没有约束力。两国同意劝说俄国不破坏波兰的领土完整。条约签订之前，两国讨论的关注点大都集中在两国对法作战的补偿问题上。有人提议，普鲁士应获得朱利耶斯（Juliers）和伯格（Berg）作为补偿，而奥地利应获得阿尔萨斯（Alsace）和洛林（Lorraine）作为补偿。然而，利奥波德二世拒绝讨论补偿细节。两国在波兰问题上也存在巨大分歧。利奥波德二世希望确保波兰领土完整，而腓

利奥波德二世。约翰·丹尼尔·多纳特
（Johann Daniel Donat，1744—1830）绘

特烈·威廉二世却表现出再次瓜分波兰的倾向。利奥波德二世考虑到俄国的中立态度，他建议应同俄国保持友好关系。腓特烈·威廉二世的考虑是奥地利与普鲁士将在再次瓜分波兰中获得的领土面积，所以他愿意靠近叶卡捷琳娜大帝。利奥波德二世避免做出承诺。最后，签署的条约维持原来的意图，即两国维护波兰领土完整，尊重波兰新宪法。

1792 年 2 月 16 日，英国驻柏林大使莫顿·伊甸[①]在写给格伦维尔勋爵的信中，对此事做出了重要评论："如果俄军入侵波兰，如果俄国女皇建议再次瓜分波兰，那么参与瓜分的政治必要性的表面理由是根本不缺乏的。"[②]

对利奥波德二世而言，签署奥普条约是他的最后一个政治行动。1792 年 3 月，持续四天的天花夺走了他的生命。利奥波德二世驾崩令维也纳和柏林的主战派欢呼雀跃。对法国流亡贵族来说，利奥波德二世驾崩更是他们的福音。但对波兰来说这却是噩耗。如果利奥波德二世还活着，接下来的历史或许会有所不同，而避免同法国开战的可能性或许存在。如果利奥波德二世还活着，他会竭尽全力阻止瓜分波兰的发生。利奥波德二世是一位在困难重重、背叛遍地的外交迷宫中，能力胜过腓特烈·威廉二世的君主。

① 莫顿·伊甸（Morton Eden，1752—1830），英国著名的外交官。1776 至 1779 年，他担任驻巴伐利亚大使；1779 至 1782 年担任驻哥本哈根大使；1791 至 1793 年担任驻柏林大使；1793 至 1794 年担任驻维也纳大使；1794 至 1799 年先后担任驻西班牙大使和驻维也纳大使。——译者注

② 档案局：1792 年 2 月 16 日莫顿·伊甸写给格伦维尔勋爵的信。——原注

第五章 CHAPTER

普鲁士背信弃义

精彩看点

弗朗茨二世时代奥地利对波政策的调整—叶卡捷琳娜大帝进攻波兰的计划推迟—叶卡捷琳娜大帝的最后一位情夫—戈尔兹男爵与普拉通·祖博夫的分歧—腓特烈·威廉二世同意叶卡捷琳娜大帝提出的条件—海因里希·冯·西贝尔的评论—普鲁士在波兰所犯的罪行遭到报复—法国对奥地利宣战加快了反法战争的进程—普鲁士的提议未能使奥地利宫廷满意—普鲁士与奥地利在领土补偿方面没有达成一致—俄国与普鲁士签订瓜分波兰的密约—奥地利与普鲁士发动反法战争—灾难降临在波兰—俄军进攻波兰—波兰召开抵抗俄国入侵的议会—普鲁士背信弃义拒绝履行义务—海因里希·冯·莫伦道夫将军的深刻见解—腓特烈·威廉二世趁火打劫—波兰获得奥地利帮助的希望渺茫—弗朗茨二世决定与俄国共同掠夺波兰—考尼茨公爵的激烈反对及辞职—普鲁士与奥地利请求俄国参加反法战争—叶卡捷琳娜大帝拒绝它们的请求

利奥波德二世之子弗朗茨二十一岁便继承了波西米亚和匈牙利的王位。几个月后，他登基成为神圣罗马帝国皇帝。他统治奥地利四十三年。其间，奥地利经历了战争与革命，发生了巨大变迁，而他获得了众多荣誉。他的性格与父亲截然不同。他的父亲在位仅两年，对奥地利和整个欧洲来说，这都是一件很不幸的事情。弗朗茨毫无政治经验，智力平平，性情懦弱，容易紧张。他对工作毫无热情，常年遭受疲倦和抑郁的折磨。虽然他心地善良，具有强烈的政治责任感，但他一点儿都不像他父亲那样拥有意大利人的精明、沉着以及运筹帷幄、掌控全局的政治家眼界。他的任何政治观点都与父亲不一致。他非常钦佩他的伯父约瑟夫二世。他继位后不久，便推翻了父亲维持波兰独立的政策。在扩张奥地利领土的祖辈遗愿的驱动下，他支持瓜分波兰。一开始，他非常信任普鲁士，但后来的各种经历使他改变了对普鲁士的看法。父亲驾崩当天，他便给普鲁士国王写信，宣布他已经继承奥地利王位，表达了对巩固奥地利与普鲁士联盟的热切愿望。他用几周的时间与普鲁士国王商议了有关反法战争的策略。

叶卡捷琳娜大帝进攻波兰的计划只能推迟到奥地利与普鲁士投入反法战争以后。她似乎采纳了奥地利与普鲁士君主的建议，打算将腓特烈·威廉二世作为将来进一步瓜分波兰的优先合作伙伴。她派普拉通·祖博夫（Platon Zubov）将她的意图转达给普鲁士大使戈尔兹男爵。二十一岁的青年普拉通·祖博夫是叶卡捷琳娜大帝的最后一位情夫，比她小四十岁，没有处理外交事务的经验。普拉通·祖博夫向戈尔兹男爵指出，如果萨克森并入波兰，那么波兰的实力将大大增强，从而给普鲁士带来巨大威胁。他说，在新一轮对波兰的瓜分中，俄国有意与普鲁士合作，但前提条件是肢解波兰后，废除1791年的波兰新宪法，然后在波兰剩余之地恢复旧宪法。而接下来

普拉通·祖博夫（1767—1822）。他是叶卡捷琳娜大帝统治后期，俄国最有权势的男性。约翰·莱布雷西特·吉克（Johann Lebrecht Eggink，1784—1867）绘

发生的事情使我们清楚地认识到，在新一轮对波兰的瓜分中，俄国允许普鲁士分一杯羹的条件是：普鲁士要加入奥地利的反法战争。俄国这样做的目的是阻止奥地利武力干涉瓜分波兰。腓特烈·威廉二世贪婪地吞下了俄国抛出的诱饵，背弃了他与波兰1790年缔结的条约。条约中，他答应确保波兰1791年实施新宪法。他也背弃了普鲁士与奥地利达成的墨迹未干的条约。条约中，他承诺维护波兰的完整和波兰宪法的自由。面对普鲁士扩张领土的野心，所有条约只是一纸空文，没有任何约束力，这简直是在效仿腓特烈大帝。

3月12日，腓特烈·威廉二世决定同意叶卡捷琳娜大帝提出的条件。在给大臣们的信中，他写道："俄国从未停止新一轮瓜分波兰的打算。无论波兰采用世袭制还是选举制，瓜分波兰是限制波兰王权最有效的手段。然而，在这种情况下，我担心能否为奥地利找到适当的补偿方法。一旦波兰王权遭到这般削弱，萨克森选帝侯是否愿意接受波兰王位呢？如果奥地利能获得补偿，那么俄国的提议将对普鲁士最有利……这是我对波兰当前形势的判断。"

引用腓特烈·威廉二世的这个决定时，历史学家海因里希·冯·西贝尔评论道："这宣布了波兰死刑。"海因里希·冯·西贝尔从道德方面进一步补充道："瓜分波兰不是长久以来贪欲的结果，而是在史无前例的欧洲危机之中，看似损失最小的权宜之计。我认为，面对当时的形势，不可能用一种更富有政治智慧的方法来处理欧洲危机。从人性角度看，在冲突愈演愈烈的情况下，我们能否指责普鲁士国王的行为呢？我对此表示怀疑。但有一点是确定无疑的，正义永恒是颠扑不破的真理，它得到了维护。无论用什么样的理由和借口去减轻罪行，任何道德罪犯都要求赎罪。不管背弃波兰多么在所难免，普鲁士终究会遭到狠狠的报复，因为这种报复并非来自受害者，而是来自犯罪的帮凶。”

海因里希·冯·西贝尔的言外之意是，普鲁士在波兰所犯的罪行终会遭到报复，这种报复来自俄国。对我们而言，理解他的暗示的内容并不容易。如果他提出的事实指的是1815年维也纳会议（Congress of Vienna）上，沙皇尼古拉一世坚持将包括1795年就已经被普鲁士占领、但在1807年被拿破仑占领的华沙在内的波兰领土据为己有，那么人们应该会想到普鲁士在维也纳会议上分到的领土与它在萨克森王国（Kingdom of Saxony）拥有的一小部分波兰领土的面积是对等的，这完美地满足了交易的要素。不管怎样，在不归

18世纪末的华沙。伯纳多·贝洛托（Bernardo Bellotto，1721—1780）绘

还波兰领土和未恢复波兰独立的情况下，由其他国家报复对波兰作恶者，这对波兰人民而言，不会起到任何安慰的作用。

为了镇压法国革命，虽然维也纳和柏林宫廷决定发动反法战争，但实际上，法国主动对奥地利的宣战加速了反法战争的进程。接着，有关战争补偿的问题提了出来。

腓特烈·威廉二世的代表舒伦贝格伯爵向奥地利驻柏林大使试探性地询问了普鲁士获得波兰的波兹南的可能性，并建议奥地利用比利时交换巴伐利亚作为补偿。众所周知，获得巴伐利亚一直是奥地利的目标。然而，普鲁士的提议显然不能使奥地利宫廷满意。奥地利宫廷要求普鲁士将安施帕赫（Anspach）和拜罗伊特（Bayreuth）割让给奥地利。不久前，当时安施帕赫和拜罗伊特两地的统治者举国归顺了腓特烈·威廉二世。然而，这个要求已经超过普鲁士让步的范围。于是，普鲁士严正拒绝了。普鲁士与奥地利在领土补偿方面没有达成建设性方案。这个问题成为奥地利与普鲁士互不信任、互相猜忌的根本症结所在。我们很快会看到，普鲁士将在与奥地利结成的反法联盟中获得巨大的利益。正如我们现在了解的那样，一个完整而隐秘的条约在俄普两国间达成。随着普鲁士加入了反法战争，普鲁士必将分到波兰的领土，即波兹南、但泽和托伦。

叶卡捷琳娜大帝与普鲁士就再次瓜分波兰达成一致意见，获悉德意志的两个国家决心同法国开战后，她认为可以放开手脚，果断执行瓜分波兰的大计了。1792 年 4 月初，对波兰这个不幸的国家来说，灾难性的事件发生了，这就是在奥地利与普鲁士发布军令准备进攻法国时，叶卡捷琳娜大帝命令俄军越过波兰边境。进攻法国时，奥地利与普鲁士宣称，它们的目标是：镇压法国革命，捍卫波旁王朝的君主政体，维护欧洲的利益。然而，实际上，它们的内在动机是开疆拓土。普鲁士志在获得波兰的部分领土，而奥地利则为了实现用比利时交换巴伐利亚的计划。事实证明，巴伐利亚对奥地利如同鸡肋。从表面上看，叶卡捷琳娜大帝进攻波兰是为了废除波兰新宪法[①]，恢复以前的旧宪法，但实际上是为了兼并波兰领土，把其中一部分领土并入俄国，另一部分则作为礼物送给普鲁士，而剩下的那部分沦为虚弱的附庸国。

叶卡捷琳娜大帝向两支俄军下达了进攻波兰的命令。一支军队来自多瑙河畔，此前的使命是对抗土耳其；另外一支军队来自北方。这时，叶卡捷琳娜大帝告知奥地利和普鲁士，虽然2月7日奥地利与普鲁士缔结了条约，但俄国无意成为缔约国，因为条约规定，签署条约的任何一方不得以任何理由破坏波兰的领土完整或者干涉波兰对自由宪法的维护。

1792年波俄战争爆发，拉开了第二次瓜分波兰的序幕。
沃伊切赫·科萨克（Wojciech Kossak，1856—1942）绘

① 史称“五三宪法”，是欧洲第一部成文宪法，1791年5月3日颁布。——译者注

4 月 16 日，波兰召开议会，讨论抵抗俄国入侵的对策。议会全权委托斯坦尼斯洛斯二世领导波兰人民抗敌。然而，在这种形势下，保全波兰的希望非常渺茫。新宪法要求招募十万人组建波兰军队，但实际不到预计的一半。波兰国库亏空。军械库没有任何战斗武器。危机时刻，波兰政府以 1790 年保护波兰领土完整的《波普条约》为依据向普鲁士求援。吉罗拉莫·卢凯西尼[①]担任驻华沙大使时曾代表普鲁士与波兰谈判 1790 年条约。5 月 4 日，他回复了波兰的求援。他说："我的主人普鲁士国王认为，根据 1790 年缔结的《波普条约》，他没有义务调遣普军去捍卫波兰宪法在 1791 年 5 月 3 日确定的世袭君主制。"吉罗拉莫·卢凯西尼否认在当前的环境下普鲁士政府有以任何形式援助波兰的义务。

波兰再次向柏林的普鲁士政府求援，这次求助得到英国驻柏林大使莫顿·伊甸的支持。1792 年 5 月 12 日，莫顿·伊甸写了一封信。在信中，他完整地记录了波兰大臣什琴斯尼·波托茨基（Szczesny Potocki）伯爵与普鲁士大臣舒伦贝格伯爵之间的谈话内容。波托茨基伯爵引用《波普条约》中的条款，如果任何国家以任何借口干涉波兰内政，普鲁士将向波兰提供援助。但舒伦贝格伯爵拒绝承认该条款，他说，《波普条约》签署后，波兰宪法改变了；在普鲁士国王不知情的情况下，波普两国的政治关系已经发生了本质变化。波托茨基伯爵说，如果普鲁士国王赞成波兰改革，只是缺少波兰向他请求庇护的正当理由，那么他愿意立即将普鲁士国王本人 1791 年 5 月 10 日发给华沙的戈尔兹男爵的急信副本拿出来。在急信中，普鲁

① 吉罗拉莫·卢凯西尼（Girolamo Lucchesini，1751—1825），普鲁士外交家。1789 年，他担任普鲁士驻波兰大使。1792 年，他随腓特烈·威廉二世远征法国。1793 年，他担任普鲁士驻维也纳大使。因为他对奥地利存在强烈偏见，所以不受奥地利宫廷欢迎。——译者注

士国王赞成波兰宪法改革，认为这很可能加强普波两国的联盟关系；赞成萨克森选帝侯的选择；并叮嘱戈尔兹男爵，一定要将这封信转达给波兰国王。舒伦贝格伯爵除了责备自己所在的部门将这份急信的副本交给波兰政府的不慎重的做法外，再没有提出反对意见。波托茨基伯爵得体地说，对舒伦贝格伯爵而言，将急信副本交给波兰政府的做法并不重要，因为普鲁士国王口头上的承诺具有同等效力。

几天后，莫顿·伊甸写道，柏林的波兰人遭到一贯的冷遇。赫茨贝格伯爵说，波兰人应该接受他们的命运，因为他们不愿意放弃

赫茨贝格伯爵。斐迪南·珂尔曼（Ferdinand Collmann，1762—1837）绘

但泽和托伦。海因里希·冯·莫伦道夫[①]将军一针见血地指出，普鲁士同法国作战是愚蠢的，这会使俄国成为波兰命运唯一的仲裁者。然而，他补充道，每个普鲁士人，不管属于哪个党派，都一致认为，普鲁士不会默许波兰建立一个秩序良好的政府，因为秩序良好的政府会使波兰在短时间内迅速崛起。然而，在关于《波普条约》的争

海因里希·冯·莫伦道夫。绘者信息不详

① 海因里希·冯·莫伦道夫（Heinrich von Mollendorf, 1724—1861），普鲁士陆军元帅。1740年，他作为见习骑士开始了军事生涯。1746年，在西里西亚战役中他崭露头角，晋升上尉。七年战争中，他表现突出，晋升为少将。1779年，他晋升为中将。1793年，他晋升为陆军元帅。第二次瓜分波兰中，他率普军进攻波兰。——译者注

论中，普鲁士揪住波兰宪法改革不放，只字不提波兰的统一和独立。舒伦贝格伯爵说，叶卡捷琳娜大帝的观点仍然是废除波兰新宪法。不过，莫顿·伊甸做了重要的补充。他说："我坚持认为，如果有人提出再次瓜分波兰的建议，那么肯定能找出貌似有道理的借口来消除普鲁士国王的疑虑。"

我们现在知道，舒伦贝格伯爵试图向莫顿·伊甸和波托茨基辩解时，普鲁士国王与叶卡捷琳娜大帝已经达成共同肢解和掠夺波兰的共识。这场交易是罕见的背叛。普鲁士非但违反按照两年前与波兰签署的条约帮助波兰，去阻止任何一方破坏波兰的领土完整，反倒与俄国密谋、勾结，打算进攻波兰。在欧洲历史上，再没有比这更惊人、更丑恶的交易了。

5 月 26 日，普鲁士国王腓特烈·威廉二世摘下伪装的面具，公布了普鲁士进攻大波兰的计划，并将普鲁士背叛波兰、不尊重条约的行为归结为："波兰人民越来越接受雅各宾派原则。法国民主精神和试图彻底改变宗教信仰的残暴教派开始在波兰生根。于是，雅各宾派倡导的原则在波兰获得了强有力的支持。大波兰已经产生若干公开宣传雅各宾派原则的革命团体。"腓特烈·威廉二世承认，维也纳和圣彼得堡的宫廷是他的同谋。他打算并入大波兰的托伦和但泽。宣布普鲁士军队进入波兰后，腓特烈·威廉二世继续说道："某国君主居然自以为是地认为他可以依靠善良的国民，因为他曾经为他们的幸福鞠躬尽瘁，殚精竭虑。"[①]

波兰获得奥地利帮助的希望很渺茫。英国驻维也纳大使乔治·基思·艾尔芬斯通（George Keith Elphinstone）在 5 月 12 日写道："我

① 弗莱彻：《波兰史》，第 312 页。——原注

深信奥地利已经知道，普鲁士不会直接反对叶卡捷琳娜大帝的建议……俄国、普鲁士和奥地利或许会继续掠夺满目疮痍、苦难深重的波兰。”[①] 又过了一周，5月19日，乔治·基思·艾尔芬斯通写道：“据我所知，奥地利不会同意瓜分波兰的任何提议，但一旦瓜分波兰时刻的到来，奥地利仍然会坚持获得符合它利益的波兰领土。”之后，我们会看到基思的预测得到了全面的验证。

乔治·基思·艾尔芬斯通。绘者信息不详

① 档案局：1792 年 5 月 12 日基思写给格伦维尔勋爵的信。——原注

我们现在知道，弗朗茨二世已经决定放弃父亲利奥波德二世维护波兰领土完整的政策，执行伯父约瑟夫二世瓜分波兰的政策。虽然他尚未打算扩大奥地利已占领的波兰领土，但他准备接受俄国的建议，即通过与俄国共同掠夺波兰来获得奥地利对法作战的补偿。他宁愿通过兼并巴伐利亚作为奥地利反法战争的补偿，也不愿通过交换比利时来获得这块德意志领土。

1792年的弗朗茨二世。绘者信息不详

在首相考尼茨公爵不知情的情况下，弗朗茨二世下定决心。考尼茨公爵这位年近古稀的杰出政治家获悉此次交易的内容后，言辞激烈地反对道："这个计划无比荒唐，对波兰一点儿也不公平。我们不能在已经同意尊重波兰新宪法的情况下，以新宪法为借口理直气壮地肢解波兰……巴伐利亚人不会接受这个计划；巴伐利亚的统治者们也不会同意这个交易；奥地利根据 1720 年《海牙条约》[①] 也不会同意这个交易。这个计划太轻率了，因为瓜分波兰将在不平等的情况下进行。普鲁士会为获得波兰领土而喜悦，但奥地利获得波兰领土的几率将大大降低。"

考尼茨公爵的反对意见没有起到任何作用。他递交了多年前拟好的辞呈。数月过去了，他的辞呈未获批准。名义上他继续担任首相，但在实际上他早已没有首相的权力了。事实上，早在 8 月 19 日，菲利普·冯·科布茨尔（Philipp von Cobenzl）就取代了他的位置。

根据1781年俄奥两国缔结的同盟条约（1789年，该条约被修订），正在与法国交战的奥地利有权向俄国求援。奥地利与普鲁士都请求叶卡捷琳娜大帝支持它们进攻法国的行动，从而维护法国君主政体，阻止法国革命的蔓延。

叶卡捷琳娜大帝用机智而巧妙的反讽回复奥地利与普鲁士的请求。在给弗朗茨二世的信中，她说："一个年轻君主怀着积极进取的精神，通过拯救欧洲免遭革命毒瘤的危害来开始他的事业，这的确非常好。虽然法国发生的事情与我的国家无关，但促使我关注发生在我们邻国的事情。1791 年 5 月 3 日波兰通过的新宪法颠覆了之

① 《海牙条约》于 1720 年 2 月 17 日签署，结束了西班牙国王和英国、荷兰、法国和奥地利四国同盟之间的战争。——译者注

前的宪法，其后果与法国革命引发的后果相似。”叶卡捷琳娜大帝说，她会将注意力集中到阻止离她近在咫尺的波兰发生这么危险的事情上。她认为，按照1788年的俄奥条约，俄国有权要求奥地利帮助俄国处理波兰事件。她承认奥地利现在正处于困难时期，所以俄国不强迫奥地利提供帮助。她以一种义务抵消另外一种义务为理由，正当地拒绝了正在同法国作战的奥地利的求援。

在给格林姆的信中，叶卡捷琳娜大帝说：“你似乎认为波兰事务与法国事务不具有同等重要性。你显然忽视了一个事实，华沙的雅各宾派已经与巴黎建立了紧密联系。你希望我忽视我的盟友在波兰的利益，好全身心地去镇压巴黎的雅各宾派。不！我要同波兰的敌人斗争到底，所以我将再没精力应对法国革命。”

C 第六章 HAPTER

俄国入侵波兰

精彩看点

俄军中的波兰大贵族—塔戈维查联盟—俄国对波宣战—叶卡捷琳娜大帝的宣言—波兰议会决定抗击俄军入侵—波兰社会各阶层不能团结一致对抗外敌—波兰军队的将士大都来自小贵族家庭—米哈伊尔·凯科沃斯基率军攻入波兰—约瑟夫·波尼亚托夫斯基率波军顽强抵抗—叶卡捷琳娜大帝的劝降信—斯坦尼斯洛斯二世的回信—波兰向法国和英国求援失败—塔德乌什·秋希秋什科领导波军抗俄—波军在杜边卡大败—俄军进抵波兰—波兰议会解散—波军投降—波兰宪法改革失败—斯坦尼斯洛斯二世的处境

上一章已经提到，1792 年 4 月 8 日，叶卡捷琳娜大帝向俄军下达了进攻波兰的命令。俄军由八万步兵和两万哥萨克骑兵组成。此外，一批波兰大贵族追随俄军，他们是议会中反对波兰新宪法的少数派。反对新宪法失败后，他们派代表团前往圣彼得堡游说叶卡捷琳娜大帝干涉波兰事务，恢复波兰古老的无政府主义宪法。叶卡捷琳娜大帝决定充分利用他们的诉求，于是答应支持他们。她假装将少数派视为波兰人民的真正代表。在俄军的支持下，波兰少数派按照叶卡捷琳娜大帝的建议，在波兰的塔戈维查成立联盟，对抗华沙的议会。波兰少数发布公告，宣布华沙议会是非法组织，塔戈维查联盟[①]是波兰唯一合法的政府。

4 月 18 日，俄国驻华沙大使波尔加科夫代表俄国对波宣战。与此同时，叶卡捷琳娜大帝发表了一份宣言。宣言中，叶卡捷琳娜大帝称，俄国既有权利也有义务参与跟波兰政务有关的任何事务。叶卡捷琳娜大帝言辞激烈地表达了对波兰宪法发生变化的愤怒，称这种变化是对古老波兰自由的彻底破坏，认为宪法的变化主要受了党

① 塔戈维查联盟（Targowica Confederation），1792 年 4 月 27 日由波兰和立陶宛权贵在圣彼得堡建立的政治联盟。在叶卡捷琳娜大帝的命令下，它坚决反对“五三宪法”。——译者注

派暴力的影响，并对波兰议会用极无礼的语言描述她的行为和意图提出了控告。宣言强调，波兰新政府是专制政府，建立在违背国家意志的基础上，而尊重国家意志是寻求圣彼得堡宫廷的保护、恢复波兰宪法改革前的政府最重要的动力。据说，叶卡捷琳娜大帝出于以上原因，在少数派的请求下，决定代表波兰少数派，采取积极行动，去恢复波兰古老的秩序，并将任何反对她努力达成该目标的人视为敌人。

宣言中，任何有关叶卡捷琳娜打算再次肢解波兰、吞并波兰大部分领地、将其变为俄国省的最终意图以及有关她向普鲁士国王做出的分给普鲁士一杯羹的承诺，都一概未提。宣言强调，俄国与波兰的冲突只与波兰新宪法有关。

在波兰议会上，宣读这份宣言后，斯坦尼斯洛斯二世说他坚信叶卡捷琳娜大帝不仅意欲破坏新宪法，而且要迫使他和波兰人民臣服。他勇敢地恳请议会支持波兰已经通过的新宪法。议会全体议员一致赞成斯坦尼斯洛斯二世的提议，授予他军队指挥权，允许他全权调用波兰的一切资源。斯坦尼斯洛斯二世发誓要用他的生命捍卫波兰及其新宪法。议会决定按照新宪法，将波兰军队增至十万人。波兰贵族对民族事业表现出高度的热情。许多贵族在家乡组建了军队，并为军队提供武器和装备。然而，他们的努力已经太迟了。新宪法确立后，如果这些措施立即得到执行，那么波兰或许会有抵抗俄国入侵的机会。

波兰军队现有不到五万人，其中一半以上是分散在各地的卫戍部队。能召集起来奔赴战场抵抗俄国入侵的最多不过两万人。在这里，必须承认的是，波兰并不像法国那样，社会各阶层能团结一致对抗外敌。大部分波兰人是农民。在波兰这种封建制国家，农民处于社会最底层，受封建领主的随意支配。在这种危急时刻，农民没有发言权。他们既对中央政府的宪法漠不关心，也对哪个议会当权漠不关心。大地主害怕农民从军，唯恐农民获得武器后革命。然而，农民既没有任何发动革命的迹象，也没有欢迎俄国入侵者。除华沙以外，为数不多的几个大城镇的市民成为抵抗俄军的主要力量。波兰军队的将士大部分来自小贵族家庭，他们自带战马和武器。

5 月 18 日，米哈伊尔·凯科沃斯基（Mikhail Kakhovsky）将军指挥俄军主力跨过波兰边境。他将俄军分成三支纵队，每支纵队两

米哈伊尔·凯科沃斯基。1792 年，波俄战争中，米哈伊尔·凯科沃斯基率俄军大获全胜。绘者信息不详

万多人。虽然斯坦尼斯洛斯二世的侄子约瑟夫·波尼亚托夫斯基[①]指挥的波兰军队只相当于俄军的一个师，但仍然进行了顽强的抵抗。与俄军的一支或多支纵队激战多次后，波军取得了重要的胜利。即便如此，没过多久波军便发现，俄军其余纵队正从侧翼包抄，于是被迫撤退。类似的情况发生了多次。最后，波军不得不穿过波多利亚和沃里尼亚。另外一部分俄军没有遭遇任何抵抗，长驱直入，占领了维尔纳（Wilna）。在维尔纳，塔戈维查联盟举行盛大仪式，欢迎俄军的到来。叶卡捷琳娜大帝给斯坦尼斯洛斯二世写了亲笔信，告诉他进一步抵抗已经毫无意义，因为她已经决定，将投入两倍或是三倍于波军的兵力进攻波兰，她不达目的誓不罢休。她还声称，俄国已同奥地利、普鲁士结盟，波兰继续抵抗只会促使奥地利与普鲁士向她提供更有效的支持。

6月22日，仍然留在华沙的斯坦尼斯洛斯二世没有履行他此前发过的誓言——冒着生命危险去保护波兰，而是在私下里给叶卡捷琳娜大帝写信，恳求她能与波兰保持比过去更密切的友谊，并称这个提议不仅代表他个人的想法，而且代表了波兰的意愿，因为他已经提交退位的申请。斯坦尼斯洛斯二世在信中说："坦率地讲，拥有波兰事务的发言权对您非常重要。无论是为了对抗土耳其，还是为了对抗欧洲，保持俄军行军路线的畅通，对您来说很重要。结束

---

① 约瑟夫·波尼亚托夫斯基（Jozef Poniatowski，1763—1813），波兰领导人、将军、陆军部大臣，后来成为法兰西第一帝国唯一一位外籍元帅。他生于维也纳，是一位拥有强大军事背景的波兰贵族后裔。他的叔叔是斯坦尼斯洛斯二世。1780年，他在奥地利军队服役，开始了军事生涯，并晋升为上校。1789年，他离开奥地利军队，加入波兰军队。1792年，他晋升为少将，指挥波军与俄军激战。随着斯坦尼斯洛斯二世对塔戈维查联盟的支持，他被迫辞职。1794年，他参加科希秋什科发动的波兰起义，并负责坚守华沙。起义失败后，他被流放，1798年回国；1806年，华沙公国建立后，他在临时政府中担任陆军部大臣。1807年，拿破仑晋升他为法国元帅。——译者注

约瑟夫·波尼亚托夫斯基。朱尼厄斯·科萨克（Juliusz Kossak，1824—1899）绘

内乱、打退外敌入侵，对我们波兰人也很重要。因此，我们需要一个比迄今为止拥有过的权力更强大、秩序更良好的政府。您可以用多种方式来整合这些有利条件。您可以让您的孙子君士坦丁大公[①]任波兰国王。您可以同波兰结成永久的盟友关系，达成利好的商业条约。我对此不一一罗列。您无需我的建议和指导。"

斯坦尼斯洛斯二世的提议既跟叶卡捷琳娜大帝此前与腓特烈·威廉二世缔结的条约产生了冲突，也不能满足叶卡捷琳娜大帝将波兰大部分领土并入俄国的愿望。她回复斯坦尼斯洛斯二世道："你能帮助波兰的途径只有一条，即立即支持塔戈维查联盟。"俄国大臣向斯坦尼斯洛斯二世进一步解释道：女皇不会承认华沙的波兰政府；俄国现在并不是与波兰交战，而只是代表波兰合法的政府——塔戈维查联盟采取行动。斯坦尼斯洛斯二世向奥地利发出紧急求援。弗朗茨二世回复道，奥地利没有反对俄国意愿的理由。

接着，波兰向法国和英国求援，但没有得到任何响应。查理·弗朗西斯·迪穆里埃[②]代表法国对波兰的求援回复道："法国对此无能无力。"其实，面对波兰求援，法国议会爆发了争论。争论主要集中在波兰改革上。法国议会认为，波兰的改革只对波兰贵族有利，而法国民主派对支持波兰贵族根本没有兴趣。英国驻华沙大使奉格伦维尔勋爵之命对波兰的求援回复道："英国政府认为，波兰不会获得海上强国英国和荷兰的任何支持。对这两个国家来说，除了维

① 君士坦丁大公（Konstantin Pavlovich，1779—1831）是保罗一世次子。亚历山大一世统治时期，他是俄国皇储，后于 1823 年宣布放弃皇位继承权。1825 年，他哥哥驾崩后，他的弟弟尼古拉继位。——译者注

② 查理·弗朗西斯·迪穆里埃（Charles Francois Dumouriez，1739—1823），法国大革命时期著名法军将领。他与弗朗索瓦·克里斯多夫·凯勒曼将军一起打赢瓦尔米战役。但他后来却离开革命阵营。拿破仑统治期间，他成为保皇党成员。——译者注

查理·弗朗西斯·迪穆里埃。让·塞巴斯蒂安·卢腊德（Jean-Sebastien Rouillard，1789—1852）绘

君士坦丁大公。他是镇压波兰
起义的急先锋。绘者信息不详

护它们各自国家的利益外，不可能付出代价去维护波兰的利益。对波兰而言，这可能也是有利的。”

与此同时，米哈伊尔・凯科沃斯基正指挥三支纵队，以雁列式队形继续前进，并不断包抄波兰军队，俄军的人数远比波军多。抵抗俄国入侵的波兰军队现在受爱国将领塔德乌什・科希秋什科（Tadeusz Kosciuszko）的指挥。塔德乌什・科希秋什科的名字与保卫波兰密切相关，特别是在1795年抵抗第三次瓜分波兰时，他的声名更是人尽皆知。

1746年，塔德乌什・科希秋什科出生在立陶宛公国一个古老的波兰家族。1775年，他作为一名志愿者横渡大西洋，加入美军，为独立而与英军作战。在北美，他结识了德・拉斐特[①]侯爵。很快，他就因杰出的军事才华而崭露头角。他担任乔治・华盛顿将军的副官，最终晋升为准将。1783年，他载誉而归，受到华沙市民的热烈欢迎。他回国后的第十个年头，俄国对波兰宣战。塔德乌什・科希秋什科被任命为波军的指挥官。他是唯一一位拥有战斗经验的波军将领。不久，他便向世人展现了杰出的军事才华和无畏的勇气。然而，面对具有压倒优势的俄军，他的一切努力都是徒劳的。7月17日，波军英勇抵抗后，败于布洛河（River Bug）的杜边卡（Dubienaka）。随后，俄军未遭到任何抵抗，长驱直入，进抵华沙。

在波兰议会上，斯坦尼斯洛斯二世告诉议员们，抵抗俄国已不可能，他们唯一的出路是向叶卡捷琳娜大帝投降。大多数议员默许了他的建议，然后投票解散议会。这实际上承认了塔戈维查联盟是

① 德・拉斐特（De Lafayette，1757—1834），法国将领、政治家。他参加美国独立战争，支援美国独立事业。他与乔治・华盛顿、亚历山大・汉密尔顿、托马斯・杰弗逊是密友；他也是1789年法国大革命和1830年七月革命的关键人物。——译者注

波兰的合法政府。接着，1791 年制定的宪法被废除，旧宪法被恢复。波军放下武器，向俄军投降。

支持新宪法的爱国人士逃往维也纳和德雷斯顿（Dresden）。斯坦尼斯洛斯二世发现，他在华沙的宫殿里无依无靠、孤掌难鸣了。他向叶卡捷琳娜大帝投降，宣布拥护塔戈维查联盟。此时，他变成一个无足轻重的人，遭到所有党派的一致排斥。

第七章
CHAPTER

第二次瓜分波兰（1793 年）

精彩看点

俄军将波兰视为被征服的国家—灾难深重的波兰—塔戈维查联盟是傀儡—俄国无力独吞波兰—叶卡捷琳娜大帝决定与腓特烈·威廉二世共同瓜分波兰—奥地利与普鲁士关于反法战争补偿问题的协商—腓特烈·威廉二世与弗朗茨二世各怀鬼胎—反法联军总司令发布的公告—反法联军的失败—路易十六与他的王后被送上断头台—莫尔会议上的交锋—热马普战役—叶卡捷琳娜大帝向驻华沙大使下达的指示—普鲁士背着奥地利与俄国签订瓜分波兰的密约—巴伐利亚交易计划很难实现—普鲁士进攻波兰—奥地利对普鲁士强烈不满—弗朗茨二世写给叶卡捷琳娜大帝的亲笔信—马尔科夫与科尔本次之间没有结果的争论—普军占领条约划给普鲁士的波兰领土—斯坦尼斯洛斯二世打算退位—新任驻华大使的人物—迫使波兰议员通过《波俄条约》—波兰议员因反抗而被流放—《波普条约》被强行通过—斯坦尼斯洛斯二世与议会发布抗议书—波兰已经完全处于俄国的军事独裁统治之下

1792 年 7 月底，波兰完全沦为俄国的附庸国。叶卡捷琳娜大帝实现了她的政治夙愿。她趁奥地利与普鲁士陷入反法战争的泥潭之机，以俄国有义务维护波兰古老的宪法、清除那些相信法国革命原则的波兰改革者，进攻波兰。而奥地利与普鲁士卷入反法战争是她精心策划的结果，她从未向这两个国家透露过她的最终目的。现在，她已经成为整个波兰的主人，可以随心所欲地处理波兰事务。占领波兰的俄军将波兰视为被征服的国家。

虽然波兰军队尚未解散，但受到人数更多的俄军的包围和监视。波兰到处充斥着俄军以入户检查为由而进行的横征暴敛、巧取豪夺、随意逮捕的现象。在城镇，恐怖主义猖獗，而在农村，农奴受到激励，起来反抗封建领主。城堡被摧毁了，城镇衰败了，暗杀、纵火等活动随处可见。内战造成的恐怖与外敌的入侵带给波兰深重的灾难。

伪称波兰合法政府的塔戈维查联盟建立了执政委员会（Executive Committee），也就是所谓的“大多数”机构，它的职能是施政。执政委员会很清楚，它的真正主人是俄国。未经俄国授意，它没有任何施政的权力。事实上，施政的每个细节都来自圣彼得堡。塔戈维查联盟和它建立的“大多数”机构既无力反对俄国的命令，也不能推出任何行动计划。

叶卡捷琳娜大帝尚未决定如何处理波兰这个已经被征服的国家。她与腓特烈·威廉二世达成了非正式协议，该协议表明普鲁士对法战争的补偿应该从波兰获得，但至于将波兰多少领土划给普鲁士尚未确定。毫无疑问，肢解波兰不是叶卡捷琳娜大帝的真实意愿。那时，她还没有将整个波兰并入俄国的打算。俄军占领波兰后，她更愿意让波兰作为一个整体附属于俄国。这样一来，波兰就不会再次给她制造麻烦或者抵制她下达的任何命令。毫无疑问，她从未受《俄普条约》掣肘。应该怎样处置波兰呢？长期以来，这个问题一直使她犹豫不决。最后，她得出一个结论：俄国不具备吞并波兰这么一个大国的能力。面对占领军的种种恶行，波兰早已怨声载道。起义的余烬仍在燃烧。无论是普鲁士军队还是奥地利军队支持波兰起义，或许都会威胁叶卡捷琳娜大帝对波兰的控制。经过深思熟虑，叶卡捷琳娜大帝决定遵守与腓特烈·威廉二世签署的条约，承认普鲁士能从波兰这个大的“战利品”中分一杯羹。

与此同时，在波兰沦为俄国附庸国的数月时间里，奥地利和普鲁士就两国各自希望获得的反法战争补偿的问题，进行了长时间的协商。两国在这个问题上存在分歧。腓特烈·威廉二世对他中意的波兰领土志在必得。这些领土包括波兹南、托伦、但泽以及他希望能够从俄国争取到的尽可能多的波兰领土。而弗朗茨二世对哪种补偿最符合他的利益，或者对他最能确定无疑获得的补偿感到困惑，因此，他的补偿要求时不时发生变化。他认为他的最高目标是获得巴伐利亚，这样一来，他统治下的神圣罗马帝国的领土就能连成一片。有时，他认为他或许可以通过交换比利时来获得巴伐利亚；有时，他又希望不通过任何等价交换而夺取巴伐利亚。他也很想获得安施帕赫公国和拜罗伊特公国。他认为他也有可能获得阿尔萨斯和洛林，或者可能将包括里尔（Lille）和瓦朗谢讷（Valenciennes）在内的法国布拉班特（Brabant）的一小块领地并入比利时，或者可能获得奥地利觊觎已久的威尼斯。最终，他认为在新一轮肢解和瓜分波兰的过程中，获得制衡俄国和普鲁士的那部分波兰领土最符合奥地利的利益。到时，要么将这部分领土用作奥地利的底牌，要么将其当作奥地利额外的福利。弗朗茨二世在这些可能增加的领土选择中犹豫不决。参加反法战争的补偿问题到底如何解决？奥地利和普鲁士对此未达成一致。然而，奥地利打算用比利时换取巴伐利亚，或者用其他领土换取巴伐利亚作为反法战争的补偿，这一点很容易理解。

相比奥地利的犹豫不决，普鲁士对反法战争将来的补偿内容有着明确的目标。1792年夏，普鲁士与奥地利联军攻入法国。7月20日，联军总司令布伦瑞克公爵查理·威廉·斐迪南[①]代表两国发布了臭名昭著的公告。公告宣称，联军将镇压法国革命，恢复路易十六被剥夺的王权，报复巴黎或法国任何城镇和地区反抗的民众。人们都相信，反法联军必然会取得胜利。巴黎毫无抵抗能力。法军一盘散沙，因为大部分军官已经移居国外。

在此，无须细述联军进攻法国、遭到失败的过程；也无须描述法国军民拿起武器，抵抗外敌入侵，在瓦尔密（Valmy）成功遏制普军的细节；也不必描述布伦瑞克公爵查理·威廉·斐迪南被迫撤退的过程，以及11月9日法国在奥属比利时的热马普（Jemappes）如何反击联军，彻底战胜奥地利人，并将联军从比利时赶走的过程；也不必描写法国军队受到比利时人热烈欢迎的场景。奥普联军的反

① 查理·威廉·斐迪南(Charles William Ferdinand, 1735—1806)，普鲁士陆军元帅，布伦瑞克-沃尔芬比特的统治者，通常称为“布伦瑞克公爵”。他是公认的军事家。——译者注

法战争以彻底的战败而告终。联军进攻法国的军事行动导致法王路易十六被废黜，最终使他和他的王后上了断头台。

10月26日和27日，联军从法国撤退后，奥地利与普鲁士的代表在普鲁士军队的大本营所在地卢森堡的莫尔（Merle），就有关战争补偿问题召开了一次重要的协商会议。埃瓦尔德•弗里德里希•冯•豪格维茨（Ewald Friedrich von Hertzberg）代表普鲁士拿出一份波兰地图，他指着普鲁士国王亲自划定的征服路线时称，如果界限以内的领土不能立即归普鲁士所有，那么莱茵河畔的普军将立即被撤回。施皮尔曼（Spielmann）代表奥地利回复道，奥地利不会同意普鲁士占领波兰的任何领土，除非奥地利国王能够获得巴伐利亚以及除巴伐利亚以外更大的领土。埃瓦尔德•弗里德里希•冯•豪格维茨代表普鲁士对施皮尔曼的回复表示反对，他认为当前形势不利于神圣罗马帝国内部的这种领土交换。但他补充道，如果奥地利国王一定要坚持领土交换，普鲁士国王准备同意[①]。在同一天，普鲁士国王对奥地利代表的提议表达了同意。施皮尔曼觐见腓特烈•威廉二世时，抛出了这样的暗示：俄国、普鲁士和奥地利或许会就再次瓜分波兰达成共识；奥地利或许会按照约定获得它的瓜分份额；如果奥地利能从其他地方获得等额的补偿和适当的额外补偿，那么奥地利将毫不犹豫地放弃应从瓜分波兰中得到的份额。施皮尔曼说，这或许将诱导波兰人民同意俄普两国在肢解波兰中获得瓜分份额。这个提议深受腓特烈•威廉二世的称赞。施皮尔曼将该提议向他的政府汇报时说："如果我们拒绝普鲁士国王从波兰获得正当的补偿，那么普鲁士将从反法联盟中退出。如此一来，我们将举步维艰。法国

① 艾伯特·索雷尔：《欧洲与法国革命》，第2卷，第120页。——原注

1793 年 1 月 21 日，法王路易十六在巴黎协和广场被处以绞刑后，刽子手向众人展示他的头颅。格奥尔格·海因里希·西夫金（Georg Heinrich Sieveking，1751—1799）绘

1793 年路易十六王后玛丽·安托瓦内特在巴黎协和广场被处以绞刑后，刽子手向众人展示她的头颅。绘者信息不详

无疑会成为普鲁士实现目标的桥梁。”

莫尔会议召开后的两周，即 11 月 9 日，热马普战役爆发了。该战役导致比利时彻底归附于法国。显然，就算奥地利的巴伐利亚交换计划还存在可能，也是极遥远的事情了。弗朗茨二世告知腓特烈·威廉二世，他打算直接与俄国协商。12 月 23 日，他向叶卡捷琳娜大帝提出获得波兰领土份额的要求。他声称奥地利和普鲁士应按照同一比例获得瓜分份额，同时建议给波兰留下充足的领土，作为俄国、普鲁士和奥地利的缓冲地带。换言之，奥地利要求这次瓜分波兰应如 1772 年的瓜分条约那样，在三国间平等地进行。同时，普鲁士敦促俄国遵守此前两国缔结的条约。叶卡捷琳娜大帝同意了普鲁士的请求，但拒绝了奥地利的要求。

海因里希·冯·西贝尔引用了叶卡捷琳娜大帝向俄国驻华沙大使雅各布·西维尔斯（Jacob Sievers）下达的指示。该指示值得关注，因为它阐明了俄国的政策。

叶卡捷琳娜大帝指示道：“最初，我们努力与波兰建立永恒的关系，但波兰人非但没用相应的友谊来对待我们的主动，反倒对我们表现出深刻的仇恨。接着在 1772 年，我们同意第一次瓜分波兰，正如所有人最初知道的那样，我们这样做也是当时的情势所迫。”她还补充道，此后她表达过保护波兰人民的愿望，但同样遭到波兰人的反感。1791 年 5 月 3 日波兰宪法改革后，叶卡捷琳娜大帝召见了塔戈维查联盟的成员，通过这些人和其他亲俄人士，俄国获得了对波兰的统治权。但叶卡捷琳娜大帝说：“我发现这帮人不值得信赖。他们自私自利，易起内讧；而斯坦尼斯洛斯国王持续不断地煽动他的人民和军队对抗俄国；塔戈维查联盟成员抱怨道，俄军一旦从波兰撤离，波兰将爆发全面的革命；更糟糕的是，法国革命的毒瘤正在波兰大地疯长。”在这种情况下，波兰境内的形势明显不可能有大的改善。叶卡捷琳娜只想将波兰削弱成一个衰弱、和睦而无害的邻国。她担心普鲁士国王未经她同意就占领波兰的领土，并与波兰的爱国人士达成抵抗俄国的共识。她指出，普鲁士国王会与法国达成和解的风险是存在的，到那时，她的天然盟友弗朗茨二世或许会陷入最困难的境地。然而，实际上，仅在八个月前，弗朗茨二世向她提出将波兰与萨克森合并的建议时，她心中便产生了对奥地利强烈的憎恨之情。她担心的是，弗朗茨二世会恢复奥地利支持波兰的传统政策，或者德意志的两个国家会联合起来，在未经俄国同意的情况下，瓜分波兰。为避免这些危险，她决定与普鲁士尽快建立密切关系。她强调，再次瓜分波兰的计划具有不可否认的优势。“通过这个计划，我们能将所有由同源种族的人定居的俄国土地，与由同源种族的人建立的俄国城市，以及与我们有相同信仰的人从压迫中解放出来。他们将和我们的帝国团结一心；他们将和我们的国民拥有同样的荣誉和繁荣。”①

于是，叶卡捷琳娜命令她的大臣与普鲁士大使协商瓜分波兰的条约。据说，叶卡捷琳娜大帝认为有必要抓紧时间促成此事。她同意让普鲁士获得普鲁士觊觎已久的那部分波兰领土，并要求普鲁士立即派军占领这些领土。她说，她打算在乌克兰兼并相应的领土。

俄国与普鲁士的协商秘密地进行，弗朗茨二世对此毫不知情。很显然，弗朗茨二世这时仍然认为，普鲁士已经充分认识到，奥地利会得到和普鲁士一样多的反法战争补偿；在普鲁士不承认他的要求或者提出令他满意的补偿方案的情况下，普鲁士是不会同俄国达成条约的。

① 海因里希·冯·西贝尔：《法国大革命史》，英文版，第2卷，第387~388页。——原注

然而，普鲁士却背着奥地利同俄国达成了秘密条约。1793 年 1 月 23 日，俄国与普鲁士在圣彼得堡签署了瓜分不到现存波兰一半领土的条约。根据条约，普鲁士将获得但泽、托伦、波兹南、卡利施（Kalisch）和普沃茨克（Plock）等共约一万五千平方英里、人口超过一百万的领土；俄国将获得基辅（Kiev）、明斯克（Minsk）和布拉克罗（Braclaw）以及沃利西亚（Volhynia）的大部分、共约九万平方英里、人口近三百万的领土。俄国将获得的领土面积和人口数量分别是普鲁士的六倍和三倍。被瓜分后的波兰领土将作为省级行政区划分别并入俄国和普鲁士。

波兰剩余领土的面积和被俄国兼并的面积差不多一样大。《俄普条约》规定，残存的波兰应保留名义上的独立，紧紧依赖俄国，

普沃茨克是波兰中部的一座重要城市，位于维斯瓦河中游右岸。沃伊切赫·热尔松（Wojciech Gerson，1831—1901）绘

成为俄国的附庸国。条约进一步规定，为了奥地利的利益，俄国与普鲁士将努力促成用比利时换取巴伐利亚的交易，但同时明确表示，这并不意味着，俄国与普鲁士将使用武力来促成此交易。腓特烈·威廉二世联合弗朗茨二世共同对法作战，普鲁士将不会与法国和解，直到反法战争的目标实现，即镇压法国革命，复辟波旁王朝。条约还规定，该条约为保密条约，待普鲁士完全占领分得的波兰领土后，再将条约内容告知奥地利。

该条约是腓特烈·威廉二世对弗朗茨二世的背信弃义，也证实了后者对前者此前的所有怀疑。腓特烈·威廉二世通过反法战争的补偿，成功获得波兰的大片领土，而弗朗茨二世作为普鲁士反法战争的盟友，除了遥遥无期的巴伐利亚交易的希望外，他梦想得到的相应补偿并未实现。腓特烈·威廉二世知道巴伐利亚交易计划一定不会实现。我们或许能得出这样的结论：腓特烈·威廉二世毫无促成此交易的打算。

在《俄普条约》正式签署前，条约内容一拟定并在征得叶卡捷琳娜大帝同意后，腓特烈·威廉二世就向普军下达了进攻波兰的命令。于是，他撤回驻扎在莱茵河畔的普军，并在西里西亚征兵来增强普军的兵力。最后，在海因里希·冯·莫伦道夫将军的督导下，四万大军训练出来了。1793 年 1 月 6 日，腓特烈·威廉二世发布宣言，迈出了进攻波兰的步伐。在宣言中，他向欧洲各国君主宣布，面对雅各宾派在波兰的密谋，为了确保普鲁士的安全，他被迫出兵占领普波边境的波兰部分领土。他声称，为了维护波兰人民的利益，他正在割除遍布波兰的法国革命毒瘤，以此来证明他对波兰人民的真情和善意。在一次反法战役的前夕，他说，两国的宫廷一致认为，应该确保自己免遭波兰激进派的攻击。同时他宣称，柏林宫廷已经向波兰派遣了阻止雅各宾派社团建立的间谍，其目的是为进攻和肢解波兰提供借口。1787 年，普鲁士宫廷在荷兰也使用过与之类似的手段[①]。

1793 年 1 月 14 日，海因里希·冯·莫伦道夫将军将普鲁士军队分为四支纵队，从西里西亚和东普鲁士越过普波边境进攻波兰。按照此前腓特烈·威廉二世与叶卡捷琳娜大帝达成的条约，普军占领了《俄普条约》中普鲁士分到的领土。然而，直到 2 月中旬，俄普签署条约的事实才为奥地利所知；直至 3 月 25 日，弗朗茨二世才正式得知条约的具体条款。这时，弗朗茨二世意识到，他的盟友普鲁士已经获得瓜分波兰的份额，而留给他的战争补偿只剩下用比利时交换巴伐利亚遥遥无期的希望，而他也不知道何时能从法国夺回比利时。

腓特烈·威廉二世的宣言在维也纳激起强烈的愤怒。普鲁士背着奥地利，秘密与俄国签署条约，在奥地利没有得到任何确定的反法战争的补偿情况下，通过瓜分波兰获得大片领土。普鲁士这种表里不一的行为引起奥地利的强烈不满。取代考尼茨公爵担任奥地利首相的菲利普·冯·科布茨尔与普鲁士就反法战争补偿问题进行谈判的主要负责人施皮尔曼立即被撤了职。菲利普·冯·科本茨尔的职位由冯·图古特[②]接任。虽然冯·图古特因卓越的才干和兢兢业业的精神被提拔为奥地利首相，但他的行事风格向来毫无原则、肆无忌惮。

冯·图古特认为，普鲁士扩张领土的任何行为都将给奥地利带

① 1795 年《年鉴》，第 21 页。——原注

② 冯·图古特(Von Thugut，1736—1818)，奥地利外交大臣。他坚信普鲁士是奥地利最大的敌人，并认为他的首要任务是扩大奥地利的领土，甚至为了达到目的不惜牺牲盟友。1793 至 1794 年，他从奥地利西部召集军队，参加瓜分波兰的行动。——译者注

来深重的灾难。于是，在奥地利接下来几年的革命时期，冯·图古特实行的重要策略就是抑制普鲁士领土的扩张。1793 年 4 月 19 日，冯·图古特指示奥地利驻圣彼得堡大使转告俄国女皇，他的主人弗朗茨二世愿意延续 1781 年俄奥两国形成的密切关系。他恳求叶卡捷琳娜大帝延迟实施让普鲁士从波兰获得反法战争补偿的最终决定。他询问叶卡捷琳娜大帝，奥地利能获得什么样的战争补偿，并指出巴伐利亚交换计划存在巨大困难。虽然用比利时交换巴伐利亚将使神圣罗马帝国的领土连成一片，虽然所交换的两块领土面积相当，但与俄国和普鲁士在波兰获得的领土相比却存在巨大差距。

“很遗憾，”冯·图古特补充道，“奥地利国王陛下在俄普两国瓜分波兰后，打算从波兰获得理应属于他的补偿，但这种打算必然会使奥地利放弃其他补偿计划。”他反对俄国划给普鲁士过多的波兰领土。此时，弗朗茨二世给叶卡捷琳娜大帝写了一封亲笔信。在信中，他说：“我坚决要求奥地利获得与俄国、普鲁士一样多的补偿和其他好处。”叶卡捷琳娜答复道：“普鲁士在波兰获得份额的事宜已经确定，将不再重新讨论。”她承认，划给普鲁士的波兰领土比她预计的还要多。她不希望对奥地利做出相似的让步。

1793 年 7 月，有关反法战争补偿的议题在圣彼得堡再次进行了讨论。奥地利大使奉命要求俄国将波兰的克拉科夫（Cracow）划给奥地利。以下有趣的对话发生在俄国大臣马尔科夫和奥地利大使菲利普·冯·科本茨尔之间。马尔科夫建议，将除波兰以外的法国佛兰德斯（Flanders）、阿尔萨斯、洛林、巴伐利亚甚至土耳其的领土等更大的好处分给奥地利。

菲利普·冯·科本茨尔说：“我们仅仅要求获得波兰的部分领地。作为一个权宜之计，我们更愿意从法国夺得一个省，但问题是反法战争尚未取得胜利，即便我们打算倾尽全力，以坚定的决心继续作战，依然存在失败的可能。巴伐利亚选帝侯及其后代拒绝用比利时来交换他们的先辈之地，而且普鲁士国王暗中煽动他们抵制这种交易。而如果想从土耳其获得领土，那么另外一场战争就不可避免。到时，除了波兰以外，我们还能从哪里获得同等的赔偿？”

马尔科夫说：“在此情形下，悲惨的波兰王国将被彻底摧毁。”

菲利普·冯·科本茨尔回答道：“在奥地利不能获得同普鲁士一样多的领土情况下，与对奥地利造成的危险相比，有什么要紧呢？”[①]

这次讨论没有产生任何直接的结果。

与此同时，海因里希·冯·莫伦道夫将军指挥普军占领了按照条约划给普鲁士的波兰领土。其间，除了遭到聚居在但泽的德意志人抵抗，普军在其他地方没有遭到抵抗。普军仅是接替了俄军，占领了原由俄军占领的波兰地区。塔戈维查联盟仍存在一丝爱国倾向，因此非常反对普鲁士的入侵。此时，塔戈维查联盟认为，叶卡捷琳娜大帝将尊重波兰的统一和领土完整；她会善意行事，确保塔戈维查联盟的存在，从而对抗华沙的议会。塔戈维查联盟发表了抵抗普鲁士入侵的抗议，并最终宣布不会任由波兰进一步被瓜分。塔戈维查联盟也向叶卡捷琳娜大帝发出呼吁，要求俄国反对普鲁士的恶行。抗议普鲁士入侵时，塔戈维查联盟成员们说：“作为议会成员，我们有义务按照我们的誓言，维护国家的统一。”叶卡捷琳娜大帝对他们的呼吁答复道：“如果你们打算抵抗普鲁士人，那你们必须面对俄国军队。”这个答复足以让塔戈维查联盟成员们闭嘴。

① 艾伯特·索雷尔：《欧洲与法国革命》，第3卷，第352页。

4月23日，斯坦尼斯洛斯二世在给叶卡捷琳娜大帝的信中表达了他退位的愿望。“我的责任”，他说道，“禁止我参与任何带给波兰灾难的行动。”叶卡捷琳娜冷嘲热讽地回复道，她使他成为波兰的国王，不是为了让他在某一天放弃王位，尤其反对他在有利于维护俄国利益时放弃王位。对她而言，一个能批准瓜分条约的波兰国王必须存在。叶卡捷琳娜大帝命令斯坦尼斯洛斯二世留任，听候她的调遣，直至波兰灭亡。于是，这些按照条约划给俄国和普鲁士的波兰地区并未进一步抵抗普鲁士和俄国的入侵。

雅各布·西维尔斯是叶卡捷琳娜大帝新任命的俄国驻华沙大使，他左右逢源，八面玲珑，花言巧语，曲意奉承，寡廉鲜耻。这时，叶卡捷琳娜大帝统治下的俄国准备实施兼并领土的新计划。她希望，波兰议会能批准瓜分条约，同意将波兰的部分领土割让给俄国和普鲁士。获得波兰领土正是她竭力争夺的利益所在。叶卡捷琳娜大帝的愿望就是雅各布·西维尔斯的任务。他应尽可能地使用和平手段实现这个愿望，但如有必要，也可使用武力和贿赂手段。

为了更好地获得俄国的庇护，塔戈维查联盟设立的“大多数”机构已经转移至格罗德诺（Grodno）。塔戈维查联盟大部分成员受俄国政府豢养。雅各布·西维尔斯命令塔戈维查联盟发布选举新议会的公告。那些只在名义上保持独立、尚未被俄国和普鲁士兼并的省被塔戈维查联盟召集起来，选举罗马教廷大使。选举在西维尔斯伯爵的精心安排下进行。约瑟夫·伊格尔斯特罗姆[①]将军是驻扎在

① 约瑟夫·伊格尔斯特罗姆（Iosif Igelstrom，1737—1823），俄国将领。他出身于瑞典贵族伊格尔斯特罗姆家族。1753年，他进入俄军服役。1768至1774年，他参加第五次俄土战争。1777年，他成为尤尼皮哈领地领主。1788至1790年，他参加俄瑞战争。1790年，他担任芬兰军团指挥官，并奉命代表俄国签署《韦莱雷条约》。1792年，他获赐俄国贵族称号。1794年，他担任俄国驻华沙大使以及驻波俄军司令。因镇压华沙起义失败，他受到降低军衔的惩罚。——译者注

波兰的俄军指挥官。他收到了干涉选举的命令："将军，您将以俄国参谋的名义参加议会代表的选举，请派军驱逐那些对当前所议之事持不同意见的人，仅准许顺从之人留在议会。"该命令得到了严格地执行。选民们被禁止向此前支持1791年宪法的议员投票。为了

约瑟夫·伊格尔斯特罗姆。德米特里·李维斯基（Dmitry Levitzky，1735—1822）绘

达到目标，俄国大肆贿赂。雅各布·西维尔斯向圣彼得堡汇报道，在他看来，这样廉价选出的议会亘古未有，他用两千达克特[①]就获得了四十张选票。

直至1793年6月17日，波兰议会才召开。雅各布·西维尔斯指示议会批准《波俄条约》，将叶卡捷琳娜大帝决定兼并的波兰领

雅各布·西维尔斯。约瑟夫·格拉西（Josef Grassi，1757—1838）绘

① 达克特是欧洲古代贸易专用货币，最早由威尼斯铸造。——译者注

土割让给俄国。对那些允许名义上保持独立但仍然附属于俄国的波兰地区，俄国承诺今后将维护这些地区的波兰宪法，此宪法指无政府主义宪法，而非1791年改革的宪法。未经俄国的同意，禁止议会改变宪法。该条约进一步保证波兰充分的宗教自由，鼓励波兰的商业贸易。虽然选举在雅各布·西维尔斯的操控下进行，但仍然有部分当选的议员不愿执行他的命令。议会被俄军包围，议员被吓服。

即便在这种形势下，议会仍在某种程度上进行了抵抗。议员们尽可能地拖延签署肢解他们国家的条约。有少数议员进行了顽强的抵抗。7月1日，雅各布·西维尔斯发现这种苗头后，采用逮捕负隅抵抗的七名爱国领袖，将他们流放至西伯利亚，没收其他抵抗者的财产等手段，粉碎他们的反抗。虽然议员们遭到了惩罚，但依然拖延了最后签约的时间。7月16日，雅各布·西维尔斯告知议员们，任何进一步拖延签署条约的行为都将被视为对俄宣战，届时他将采取极端的军事措施，惩罚议会中坚持反对国家整体意愿的人。即使在这种时刻，议会中仍有人发出具有说服力的反抗之声。

“他们想将我们流放到西伯利亚！”一名有影响力的爱国者说，“让他们来吧，威胁不会使我们畏惧。”他向在场的斯坦尼斯洛斯二世补充道：“尊敬的陛下，如果非得如此，请带领我们去西伯利亚吧！让我们离开这个充满威胁的地方，走向那个悲凉的荒原之地吧！至少我们的美德将会使试图摧毁我们精神的人手忙脚乱。”

此时，众议员异口同声地哭诉道：“让我们去西伯利亚吧！”

爱国者继续说：“我们是您的孩子，我们将以最诚挚的爱和热情追随您；我们对您真诚的敬仰将胜过您承受的苦难。”然而，斯坦尼斯洛斯二世既不愿意也不打算带领这些人赴西伯利亚去做殉道者。他向议员们指出，再进行抵抗已经不可能了。议会中绝大多数议员认为，波兰的荣誉已经通过蹂躏他们的武力和施加给他们的威胁得以捍卫。7月25日，议会让步，以六十一比二十三的票数，批准了《波俄条约》，同意将叶卡捷琳娜大帝志在必得的波兰领土割让给俄国。这些领土相当于1772年瓜分波兰后波兰剩余面积的五分之二。同一天，斯坦尼斯洛斯二世在条约上签字。

雅各布·西维尔斯为俄国得到《波俄条约》后，又告知波兰议会，叶卡捷琳娜大帝还要求波兰批准与普鲁士的条约，将她划定的一大片波兰领土割让给普鲁士。虽然议员们是俄国用胁迫和贿赂手段选出的，但这个要求超出了议员的忍受范围。他们竭力反对。9月23日，议会再次被俄军包围。四名杰出的爱国志士遭俄军逮捕，然后被遣送出境，俄国这是在杀鸡儆猴。议会要求释放四名波兰人，宣称俄国用武力剥夺了他们的言论自由，但议会的要求遭到了拒绝。俄军指挥官用粗俗的言辞威胁和警告议员，并命令他们签署《波普条约》。议会静默了几个小时。直到凌晨三点，克拉科夫的议员代表提议，议会应起草一份正式的抗议书，抗议俄国大使对他们自由的侵犯，并建议他们的不满应该用最深沉的静默表达出来。其他议员接受了这个建议。很快，《波普条约》再次摆在他们面前。雅各布·西维尔斯宣读了叶卡捷琳娜大帝的命令，命令议员不要拖延，立即批准《波普条约》。整个议会大厅一片死寂。因此，议长宣布议员们的沉默意味着认同。于是，《波普条约》事实上被强行通过。

波兰国王斯坦尼斯洛斯二世和议会签署了一份正式的抗议书，抗议俄国和普鲁士的暴力行为。抗议书中写道："我，波兰的王，年事已高，众多灾难使我身体衰弱，心力交瘁；我们，议会中的每位议员，甚至不惜生命，都不能将我们的国家从压迫者的牢笼中解放出来。在此，我们宣布将这项任务交付给我们的后代，相信在将来某个更加幸福的时代，他们或许能找到将国家从压迫和奴役中解放出来的方法；不幸的是，这种途径和方法不在我们的手中，其他国家放弃了我们，而我们只得听天由命。”

强迫议会批准的《波俄条约》和《波普条约》生效后，剩余约五分之二的波兰领土尚未遭到瓜分。在雅各布·西维尔斯的命令下，1793年10月5日，波兰议会批准了另外一项《波俄条约》，该条约规定了剩余波兰的安排和未来状况。波兰剩余部分应完全依附俄国，保持名义上的独立；这部分土地将不会作为俄国省并入俄国，但却要完全顺从俄国的意志；将来发生任何战争，俄普两国将相互协助。到时候，军队的指挥权由人数多的一方执掌，即由俄国执掌。无论何时，俄国都有派军队进入并驻扎在波兰的权力。未征得俄国同意，波兰绝不能擅自更改宪法。

雅各布·西维尔斯在向他的女主人解释该条约时写道：“关于当前的国王，不幸的斯坦尼斯洛斯，我们必须好好地控制他……他的任务应由我们来分配。以俄国大使的名义，配给他一个男总管，授予总管比冰岛总督还大的权力，或者甚至比诺夫哥罗德（Novgorod）总督还大的权力。将来的波兰国王由您选定。”至此，波兰剩余部分完全附属俄国。当一个波兰的议会代表冒险对《波俄联盟条约》（事实上是附属条约）做出评论时，他得到的回复是：对条约的反抗只能增加恶性事件的发生。

波兰第二次被瓜分后，叶卡捷琳娜大帝立即下令解散格罗德诺的塔戈维查联盟。塔戈维查联盟向俄国投降，继续履职四周后，于11月23日被解散。其间，它表现得格外积极，宣布其颁布的所有法令一律无效。

雅各布·西维尔斯作为叶卡捷琳娜大帝的精明代理人，完成了令世人惊讶的交易后被召回了俄国。在圣彼得堡，叶卡捷琳娜大帝认为雅各布·西维尔斯对波兰的统治太温和。她任命驻波俄军指挥官约瑟夫·伊格尔斯特罗姆将军接替雅各布·西维尔斯的职位。约瑟夫·伊格尔斯特罗姆将军用野蛮、残暴的方式统治波兰。实际上，波兰已经完全处于俄国的军事独裁统治之下。斯坦尼斯洛斯二世沦为俄国利益的代理人。

第八章 CHAPTER

波兰如何拯救法国

精彩看点

1793年初的欧洲局势—弗朗茨二世尚未认清联军战败的现实—普鲁士无意全力投入反法战争—英国决定参加反法战争—英国首相小威廉·皮特的对外政策—奥地利和普鲁士对英国的提议做出回应—英国不会从中立而无害的国家获得战争补偿—斯凯尔特河航线事件—英国驱逐法国使者弗朗西斯·伯纳德·肖夫兰—国民公会正式对英国宣战—格伦维尔勋爵的提议—英国抗法被认为是合情合理的自卫战争—查理·詹姆斯·福克斯反对与法国开战—查理·詹姆斯·福克斯抨击俄国与普鲁士瓜分波兰—小威廉·皮特避开波兰的话题不提—敦刻尔克是英国期待的战争补偿—反法联军初战告捷—内尔温登战役—英军统帅约克公爵—安特卫普会议—科堡伯爵的新宣言—反法盟国矛盾重重—引起联军协同作战失败的主因—法军打退反法联军—1793年战役的结果—学者们为什么认为波兰拯救了法国

经过1793年的瓜分，波兰剩余的部分沦为俄国的附庸，大约相当于瓜分前波兰面积的五分之二，包括众所周知的大波兰、整个立陶宛以及加利西亚和波多里亚的部分地区。波兰遭受瓜分后的两年时间里，波兰人民为恢复国家独立做出不懈的努力却无果后，波兰的剩余领土被它的三个强邻瓜分殆尽。俄国在普鲁士的帮助下，如何成功镇压波兰人民起义？第二次瓜分波兰中，奥地利被普鲁士背叛后，如何能够在第三次瓜分波兰中获得令它满意的瓜分份额？奥地利和普鲁士如何相互背叛以及背叛波兰？奥地利与普鲁士受到掠夺波兰的诱惑，如何从反法战争中抽身？想要知道以上问题的答案，我们必须重提发生在1793年的战役。

1792年以前，奥地利与普鲁士联军的反法战争没有取得预期的效果。联军非但没有战胜法军，挺进巴黎，镇压革命，反倒遭遇失败，被迫越过边境，向后撤退。法国占领了比利时，成为比利时的主人，并对荷兰构成威胁。在这种形势下，1793年初，德意志的两个国家必须决定是否要发动另外一场反法战争。

弗朗茨二世尚未认清联军战败的现实。他赞成再次发动反法战争，期望收复他已经丢失的领土。他依然盼着镇压法国革命。而普鲁士作为反法联盟的另一方对奥地利收复比利时毫无兴趣。但普鲁士国王腓特烈·威廉二世之前已经与叶卡捷琳娜大帝就继续对法作战达成协议。他答应叶卡捷琳娜大帝，直到镇压法国革命，普鲁士才会停止对法作战。腓特烈·威廉二世的这个承诺是俄国允许普鲁士获得波兰领土的前提条件。如果普鲁士与法国和解，叶卡捷琳娜大帝有可能毁约。因此，腓特烈·威廉二世在非常不情愿的情况下，仍决定与他的盟友奥地利一起再次对法开战。如上所述，普鲁士无意全力投入战争，因为普鲁士对波兰的兴趣甚于对比利时的兴趣。

此时，另外一件事情发生了，极大地推动了反法战争的进程，即英国决定参战，与奥地利、普鲁士结盟，共同对抗法国。英国首相小威廉·皮特（William Pitt the Younger）深受英王乔治三世信任，坚决反对任何使英国卷入战争的行动。法国国会的改革以及路易十六及其家人的安危都不能改变他对反法战争所持的中立态度。在英国和法国争夺殖民地的战争中，法国夺走了英国的部分殖民地，这个事实或许会使英国政府不会同情法国因内乱和外敌入侵而导致的国力衰退。乔治三世对兄弟路易十六没有特别表示同情，也没花过多的精力试图将他从死亡边缘拉回来。因此，小威廉·皮特认为，1792 年反法战争期间，英国保持中立是最正确的选择。

反法联军在瓦尔密战役中意外失利，于是被迫跨过边境撤退。在热马普战役中，法军大获全胜，直接威胁荷兰。这种形势使英国最后改变了中立态度。1792 年 11 月 13 日，小威廉·皮特决定公开接触奥地利和普鲁士这两个德意志国家，并考虑联合两国共同对抗法国。格伦维尔勋爵分别向英国驻维也纳和柏林大使寄去急信，命他们促成英国和奥地利、普鲁士的合作，共同对抗法国。两位大使行事谨小慎微，虽然不愿意将英国卷入任何军事行动中，但他们对英国政府对抗法国意图的实现却能发挥重要的作用。一旦英国对抗

瓦尔密战役中身着白色制服的步兵团是正规军，身着蓝色制服的是当时的志愿军。贺拉斯·韦尔内（Horace Vernet，1789—1863）绘

1792年11月6日，法国军队在热马普战役中大获全胜。绘者信息不详

法国的意图公布于众，那么巴黎必然将英国视为法国的敌国。

格伦维尔勋爵在一封给英国驻柏林大使莫顿·伊甸的信中写道："意想不到的事，特别是法军在佛兰德斯的胜利，促使我们考虑英国和普鲁士深切关注的共同利益问题。我们担忧荷兰的安全和平静会受到影响，这是有充分理由的。英国政府现在要求秘密地与柏林宫廷进行沟通。"① 格伦维尔勋爵也将一份内容相似的信发给在维也纳的尤尔特。

直到两个月后，即 1793 年 1 月 12 日，奥地利和普鲁士才对英国的提议做出回应。两国驻英国大使来到伦敦的外交部，会见格伦维尔勋爵。两位大使解释道，因为他们的政府忙着商讨反法战争的补偿事宜，所以耽误了格伦维尔勋爵 11 月 13 日向他们的政府发出的急信的回复。现在，奥地利与普鲁士已经就反法战争补偿事宜初步达成一致，即普鲁士获得波兰的一个省作为战争补偿，而相对应的，普鲁士不再反对奥地利获得低地国家（Low Countries）和巴伐利亚。格伦维尔勋爵言辞恰当地告诉他们："国王② 绝不会从中立而无害的国家获得战争补偿；虽然国王不受其国家与波兰达成的任何条约的限制，但他的情感不允许他参与任何指向这个目标的行动；国王也不希望他的子民认可和支持这种做法……如果法国进行战争的目的只是扩张领土，那么它的敌国期待获得一些战争补偿就是合情合理的；但不管怎样，战争补偿只能从战败的法国获得，而不应通过侵占另一个国家的领土来获得。"③

几天后，莫顿·伊甸在柏林给格伦维尔勋爵写了信。我们从中

① 档案局：1792 年 11 月 13 日格伦维尔勋爵写给莫顿·伊甸的信。——原注
② 英王乔治三世（George III）。——原注
③ 档案局：1793 年 1 月 12 日格伦维尔勋爵写给莫顿·伊甸的信。——原注

可以看出，如果普鲁士从波兰获得反法战争补偿的要求遭到拒绝，那么普鲁士国王腓特烈·威廉二世将决定在反法战争中普鲁士大军不再充当主力。莫顿·伊甸补充道，在他询问普鲁士外交大臣，俄国是否有类似的要求和打算时，他得到的答复是“一切尚未有定论”，但俄国考虑通过获得波兰领土来扩大版图；奥地利会因巴伐利亚交换计划很可能实现不了而必须从波兰寻求战争补偿[①]。

1792 年 11 月 13 日，英国提议加入奥地利与普鲁士的反法联盟后，一件让英国更加坚定加入反法战争的重要事件发生了。1793 年 11 月 16 日，国民公会颁布法令，向全世界公布了斯凯尔特河（River Scheldt）航线。英国将法国的行为视为对荷兰正当权利的侵犯，荷兰对斯凯尔特河主权受《威斯特伐利亚和约》（Treaty of Westphalia）和之后的条约保护，而法国是这些条约的签订方，按照英国与荷兰在 1788 年签署的有关英国保证荷兰领土完整的条约规定，英国有义务帮助荷兰抵抗法国。

1792 年 11 月 19 日，国民公会颁布了另外一条法令，该法令明确规定，国民公会将向任何拿起武器反对其君主的人民提供援助。这时，法军已经完全控制比利时，严重威胁着荷兰的安全。1793 年 1 月 21 日，路易十六被处决，这激起整个欧洲尤其是英国的极大愤慨。因此，英国主战派的观点得到很多人支持。显然，英法两国之间保持和平没有太大希望了。英国政府决定诉诸武力，于是驱逐了法国派到英国的外交使者弗朗西斯·伯纳德·肖夫兰[②]。弗朗西斯·伯纳德·肖夫兰一直代表法国与英国政府协商有关事宜，曾禁止英

① 档案局：1793 年 1 月 19 日莫顿·伊甸写给格伦维尔勋爵的信。——原注

② 弗朗西斯·伯纳德·肖夫兰（Francois Bernard Chauvelin，1766—1832），法国贵族、外交官、国会议员和自由主义改革者。他参加过罗尚博伯爵的远征军，支持法国革命。——译者注

国的玉米出口到法国。国民公会将英国政府驱逐弗朗西斯·伯纳德·肖夫兰的做法视为英国打算加入反法联盟的预兆。1793 年 2 月 1 日，国民公会正式对英国宣战。

1793 年 2 月 5 日，英国对法国宣战之前，格伦维尔勋爵给英国驻柏林大使莫顿·伊甸写信，通知他英王愿意与普鲁士国王和奥地利国王签署正式条约，加入反法联盟。在这封信中，格伦维尔勋爵就 1793 年 1 月 13 日奥地利与普鲁士代表提到的有关反法战争的补偿问题这样说道：

“我已经用最明确的语言，向你表达了英王对你频繁提出的有关从波兰获得战争补偿计划的反对。这个计划俨然与解决法国事件毫无天然关联。除了不赞成这个计划，并对这个计划感到哀叹外，国王陛下不打算采取措施去反对该计划的实施……虽然该计划的实现还存在巨大困难，但从各方面看来，奥地利似乎对这个计划也不会持反对意见。如果该计划付诸实施，那么它的效果取决于法国从比利时撤离的意愿。”①

写这封信时，格伦维尔勋爵已经明白：考虑到实现巴伐利亚交换计划存在困难后，奥地利愿意从波兰获得反法战争的补偿，而俄国也已经决定把领土扩张的方向对准波兰。

显然，格伦维尔勋爵在信中的措辞已经与他在 1 月 13 日会见奥地利与普鲁士大使时的措辞完全不同。他建议英国政府批准他从前反对的有关从波兰获得战争补偿的建议。遭到英国政府官员温和的抗议后，他提议让英国成为奥地利与普鲁士的“盟友，作为反法联盟的一员，同意奥地利与普鲁士的战争补偿从中立而无害的波兰获

① 档案局：1793 年 2 月 5 日格伦维尔勋爵写给莫顿·伊甸的信。——原注

得。”在这种情况下，小威廉·皮特和他的政府很难从波兰的毁灭和接下来遭受瓜分的责任中开脱。

所有这些急信的内容从未在英国议会上提及。当小威廉·皮特和其他大臣被议员们问到有关联合奥地利与普鲁士进行对法作战的途径时，他们都只字未提这些急信的内容。反法战争被认为是合情合理的自卫战争，其主要依据是法国对外公布的斯凯尔特河航线，违反了法国与荷兰缔结的条约。正是因为这个理由，绝大多数历史学家在写这段历史时，都认为英国的做法是正当合理的。

近代杰出历史学家罗斯伯里勋爵在他的著作《小威廉·皮特传》一书中写道：“对皮特来说，在不违背承诺的情况下，关于斯凯尔

小威廉·皮特是英国保守派的杰出代表。约翰·霍普纳（John Hoppner，1758—1810）绘

特河航线事件，他不可能忽略 1788 年他自己签订的条约。在第二次瓜分波兰中，他不履行承诺的行为表现得更加明显。然而，从宏观层面上讲，法国的行为对欧洲造成的危害更具普遍性。如果允许法国政府不履行条约义务，单方面拥有和使用这种权利，那么对整个欧洲制度来说，是具有毁灭性的。”[①]

1793 年，英国议会就有关反法战争的早期争论中，没有提到任何关于波兰的问题。查理·詹姆斯·福克斯[②]在他的演讲中，多次

查理·詹姆斯·福克斯。约书亚·雷诺兹（Joshua Reynolds，1723—1792）绘

① 罗斯伯里勋爵：《小威廉·皮特传》，第 125 页。——原注

② 查理·詹姆斯·福克斯（Charles James Fox，1749—1806），英国辉格党政治家、演说家，深受美国独立战争和埃德蒙·伯克的影响。他是小威廉·皮特的主要竞争对手。——译者注

反对英国参加反法战争。他认为，荷兰政府并没有请求英国支持其抵抗法国对外公布斯凯尔特河航线的行径。他指出，英国也没有对法国宣战的义务，除非荷兰请求英国这样做。在英国下议院会议上，当查理·詹姆斯·福克斯质疑小威廉·皮特对法作战的原因时，小威廉·皮特被迫承认，荷兰没有请求英国通过对法宣战的形式，来支持其抵抗法国公开斯凯尔特河航线的行动。

1793 年 2 月 19 日，查理·詹姆斯·福克斯说："英国应该按照 1788 年条约，接到荷兰的请求后保护荷兰，但荣誉和条约都不允许我们参加反法战争……我们有义务使荷兰免遭战争，或者在荷兰的要求下，通过战争的方式提供帮助。但迫使荷兰参加战争，置荷兰于危险的境地，不是对该条约的履行，而是对条约的滥用。"

查理·詹姆斯·福克斯和小威廉·皮特在会议上就英国对法作战的原因展开激烈的辩论。卡尔·安东·希克尔（Karl Anton Hickel，1745—1798）绘

1793年下半年，俄国和普鲁士瓜分波兰的意图已人尽皆知。查理·詹姆斯·福克斯用下面的话抨击了俄国和普鲁士的意图：

对于欧洲的普遍危险，英国满不在意的态度是可耻的。面对波兰被瓜分，英国表现得十分冷漠……难道不是俄国、普鲁士和奥地利对波兰的抢夺和毁灭使它们扩大了各自的领土吗？比起法国犯的罪，严重侵犯和践踏一个民族，这种罪难道不是更加严重吗？对此，我们何曾反对过？如果大臣们之前曾呈送过表明他们会在适当的时机反对瓜分波兰的抗议书，那么下议院当时就会对抗议书做出决断，但没人这样做过，甚至没有人在下议院提到他认为肯定不会得到回应的抗议书①。

后来，查理·詹姆斯·福克斯再次提出一系列反对战争的倡议，其中一份倡议阐述了波兰的情形，内容如下：

当前参加反法联盟的一些国家公开声明并成功执行了攻打法国的计划，这是对欧洲自由更可怕、更普遍的践踏。从另一个角度来看，对波兰这个不幸国家的掠夺和背信弃义的瓜分，似乎从未遭到波兰大臣的任何反抗。这种肆无忌惮地践踏民族独立的暴行引起了公愤。我们渴望将英国政府的荣耀从对这种暴行的默许中"拯救"出来。这种默许是威胁到整个人类幸福和平的败笔。

① 《议会史》：1792年2月12日。——原注

以上是一条倡议，该倡议支持1793年6月结束战争。那时，法军已经从荷兰和比利时撤离。在支持以上倡议的演讲中，查理·詹姆斯·福克斯说："让我们怀着自然而然对法国行为产生的愤怒和反对，扪心自问，柏林和圣彼得堡宫廷瓜分、吞并波兰领土的行为，是否与法国的恶行有异？"

如果查理·詹姆斯·福克斯知道普鲁士国王腓特烈·威廉二世同意延长反法战争的时间，只是为了从对波兰的肢解中获得既定的战争补偿，那么他的语言很可能更严厉、激烈，而他的意见或许对下议院议员能产生更大的影响。

回复查理·詹姆斯·福克斯时，小威廉·皮特避开波兰的话题不提。他用清晰、准确的语言解释了英国参加反法战争的原因：一、法国未信守与英国盟友的条约，而该条约规定，英国有支持盟友的义务；二、法国制订了野心勃勃的领土扩张计划，威胁欧洲的公共安全；三、法国坚持针对所有国家不友善的原则，该原则尤其针对英国。

小威廉·皮特解释的前两点内容更适合描述俄国、普鲁士和奥地利背信弃义的行为，尤其适合描述普鲁士违反1791年《波普条约》。在辩论中，埃德蒙·伯克针对波兰议题为政府辩解道，不管对波兰怀有怎样的情感，他应该知道保持沉默是明智之举，难道英国要与法国结盟，而与俄国、普鲁士和奥地利开战吗？我们能同法国的哪个政府结盟？……面对法国的现状，与法国进行任何形式的结盟都无法付诸实施。英国同法国结盟是一件不可能的事情……瓜分波兰在一定程度上或许不会影响甚至破坏欧洲的实力平衡。普鲁士国王已经夺取了但泽，他对此深表遗憾，但即便如此，普鲁士国王夺走任何人的生命或者侵占任何人的财产了吗？

最后，英国下议院以一百八十七票比四十七票的压倒性优势，否决了福克斯的倡议。

与此同时，1793 年的战役打响了。在这一年的 3 月，英国已经派三个营的近卫军前往荷兰。战争补偿问题已经越来越迫在眉睫。从前反对巴伐利亚交换计划的皮特现在改变了一贯的态度。弗朗茨二世也对莫顿•伊甸最初的建议做了部分让步。莫顿•伊甸曾向弗朗茨二世建议：奥地利的战争补偿应该是获得靠近比利时边境的一小块法国领土，其中包括里尔和瓦朗谢讷等重要的要塞[①]。这将增强奥地利在比利时边境抵抗法国的能力，或许还能诱使巴伐利亚选帝侯同意交换计划。

显然，英国也有它的战争补偿要求。据说，格伦维尔勋爵的表弟白金汉（Buckingham）公爵的一个建议表明，英国决定，战争结束后占领敦刻尔克（Dunkirk）港，以此作为反法战争的补偿。据说，对英国而言，这个港口是战略要地。占领敦刻尔克港后，英国将来就能更好地确保在比利时和荷兰的权益，同时阻止该港口成为海盗的巢穴，在过去的战争中，这一点表现得尤其明显。如果奥地利占领法国佛兰德斯，英国控制敦刻尔克就更容易了。历史上，这一点屡次得到印证，因为英国王室过去不止一次地拥有敦刻尔克。1658 年，克伦威尔曾占领了敦刻尔克。1662 年，查理二世为填补国库的亏空，又将敦刻尔克卖给法国。白金汉公爵的建议还表明，英国应获得法国部分而非全部殖民地作为战争补偿。

在有关战争补偿的所有协商中，大量事件就像“小鸡还未孵出却急着数小鸡数量”的效果一样。可以看出，达成的补偿协议对反

① 约翰·威廉·弗特斯克：《英国军队史》，第 6 卷，第 83 页。——原注

法战争的策略有着灾难性的影响。对法作战的英国、普鲁士和奥地利相互忌妒，将考虑问题的出发点放在它们能获得哪些领土作为补偿方面。它们将各自的军队从战胜法国这个主要作战目标上转移。于是，反法联军失去了挺进巴黎、镇压革命的机会。英国以维护国际法和既定条约为目标，公开对法宣战；而反法联盟的另外两个国家——普鲁士和奥地利则以阻止法国革命蔓延为目标对法宣战。现在，这些目标变成了——英国、普鲁士和奥地利以牺牲法国和无辜的波兰为代价扩张领土或者抢夺殖民地。

战争初期，反法联军挺进顺利。甚至在英军主力抵达佛兰德斯战场以前，1793 年初法军试图进攻波兰时就已经遭到失败。查理•弗朗西斯•迪穆里埃将军指挥法军从比利时跨过边境占领布雷达，遭到英国近卫军援助下的荷兰军队进攻后被迫撤离。接着，法军又被奥地利军队追赶。1793 年 3 月 18 日，查理•弗朗西斯•迪穆里埃将军获悉科堡伯爵取得内尔温登战役（Battle of Neerwinden）胜利的消息。伟大的内尔温登战役使整个比利时摆脱了法国的统治。法军暴厉恣睢，缺乏纪律，秩序混乱，肆意劫掠，这种行为完全破坏了法国人和比利时人的关系。而六个月前，比利时人还热烈欢迎法军的到来。随后，受到国民公会严厉惩罚的保皇党人查理•弗朗西斯•迪穆里埃将军提议与科堡伯爵签署条约，并打算率领他的军队对抗国民公会。发现军队不听从调遣时，他便离开了法军，带领少数军官和下属投奔了奥地利人。于是，他的军旅生涯以不光彩的结局而告终。

约两万人的英军主力因为抵达时间太晚，没赶上内尔温登战役。于是，他们投入到了进攻法军的战斗中。英军主力在人数和武器装备上都不太适宜完成进攻战的目标。英王乔治三世之子约克公爵是英军主力的指挥官。他虽然胸怀大志，勇气可嘉，但不足以胜任这场伟大战役的统帅一职。他有一个缺点，即一旦发生紧急的事情，便会惊慌失措，六神无主。尽管如此，乔治三世仍坚持让他担任此次战役的指挥官。乔治三世的大臣们很怀疑他们是否应该同意该任命，但他们考虑到，在弗朗茨二世和腓特烈•威廉二世亲临战场之际，公爵的皇家头衔将促成联军的紧密合作。亨利•邓达斯[①]——后来的梅尔维尔勋爵——这位最无能的文官担任了陆军部大臣，他认为“皇族指挥军队攻打敦刻尔克，会使首战告捷”，于是，他同意了对约克公爵的任命。

内尔温登战役。约翰·内波穆克·盖革(Johann Nepomuk Geiger，1805—1880) 绘

① 亨利・邓达斯（Henry Dundas，1742—1811），英国托利党政治家。他在苏格兰启蒙运动、反对废除奴隶制度、扩大英国对印度的影响等方面扮演重要角色。——译者注

4月8日，一次由约克公爵主持的联军将领和民主代表的会议在安特卫普召开了。该会议旨在决定接下来的对法作战策略。描述这次会议的现场情况非常重要，因为它清楚地指明了联军接下来的行动。科堡伯爵代表联军发表了一份否认联军夺取法国领土的宣言。作为奥地利的代表，科堡伯爵认为，联军作战的目的是镇压法国革命，恢复君主政体，消除革命主张。他建议按照这个宣言内容，出台一个约束条例——要求盟军不能占领法国的任何领土。

斯塔亨贝格（Starhenberg）伯爵格奥尔格·亚当作为奥地利使

约克公爵。托马斯·劳伦斯（Thomas Lawrence，1769—1830）绘

者在向维也纳政府的汇报中说道：

科堡伯爵的建议引起会议所有成员的愤怒。英国代表奥克兰勋爵威廉·伊甸[①]将科堡伯爵的建议视为奥地利对反法联盟的背叛，他极度气愤，甚至到了要脱离联盟的程

格奥尔格·亚当。亚历山大·罗斯兰（Alexander Roslin，1718—1793）绘

① 威廉·伊甸（William Eden，1745—1814），英国政治家、外交官。1774 至 1793 年，他任英国下议院议员。1806 年，新西兰南部发现的奥克兰群岛以他的爵号命名。——译者注

度。约克公爵也怒火冲天，认为他被科堡公爵愚弄了。拿骚－萨尔布吕肯大公[①]和他的儿子们作为反法联盟的成员也深有同感。科堡公爵被自己引燃的怒火吓坏了。于是，他竭力去团结各方。

科堡伯爵说："我绝不可能精通政治上的所有秘诀。我曾以为重建法国君主制，恢复欧洲秩序与和平，是反法联盟各国对法作战的目标……现在，我发现这种观点不正确。我明白，每个国家除了为本国利益考虑外，很少关注公共利益。"奥克兰勋爵威廉·伊甸非常清楚，恢复法国秩序根本不会使英国受益。他立即说，英国希望使法国处于一种真正的政治无能状态……他补充道："联盟中的每个国家都应该去征服，征服实现后，将征服之地据为己有。"接着，他对科堡伯爵说："占领法国靠近奥地利的所有边境要塞，使比利时获得一个良好的保护屏障吧。坦率地说，我认为英国渴望征服，并希望拥有征服之地。英国希望夺得敦刻尔克，也打算从法国殖民地获得战争补偿。"荷兰代表也发表了要求获得补偿的声明。会议在一种反对科堡伯爵提议的愤怒气氛中进行，几方代表未达成一致。"[②]

于是，科堡伯爵被迫撤回他此前的宣言，然后发布了一份新的

① 拿骚－萨尔布吕肯大公（Prince of Nassau-Saarbrücken，1745—1794），拿骚－萨尔布吕肯最后一位执政的大公。他的统治始于1768年，终于法国大革命结束。他主张开明专制，颁布了农林业新法规，改革了学校制度，修改了刑法典。——译者注

② 艾伯特·索雷尔：《欧洲与法国革命》，第3卷，第366页。作为学术权威，艾伯特·索雷尔提供了1793年4月12日斯塔亨贝格伯爵发给冯·图古特以及科堡公爵呈递给弗朗茨二世的报告。——原注

宣言。该宣言没有否认以牺牲法国的利益为代价去占领法国的领土。尽管斯塔亨贝格伯爵在该报告中未提到波兰或者巴伐利亚交换计划，但毫无疑问，参加此次会议的各方代表都非常清楚，普鲁士将从波兰获得战争补偿。虽然英国强烈反对巴伐利亚交换计划，但弗朗茨二世从未打消这个念头。大约就在此时，冯·图古特再次向伦敦派去一名使者，极力游说英国政府支持巴伐利亚交换计划。冯·图古特说奥地利会以占领法国边境要塞的方式，竭力增加比利时的领土。很显然，冯·图古特认为，比利时领土的扩充将加强奥地利反法作战的能力，并且更容易使英国同意奥地利的交换计划。冯·图古特还补充道："除非英国同意巴伐利亚交换计划，否则奥地利会被迫从波兰获得战争补偿。"与此同时，习惯搞两面派的冯·图古特告诉赞成巴伐利亚交易计划的叶卡捷琳娜大帝，如果奥地利同意瓜分条约，那么奥地利国王将会放弃巴伐利亚交易计划，转而从法国和波兰寻找战争补偿。莫顿·伊甸通知普鲁士政府，英国不同意巴伐利亚交易计划。普鲁士国王回复道："如果奥地利阻止他在波兰的计划，那么普军将从法国撤离，只留两万普军作为神圣罗马帝国军队的一支。"

英国、普鲁士和奥地利只考虑自己的利益，特别是奥地利采纳冯·图古特建议后表现得表里不一以及三国各怀鬼胎的结果，不久便在对法作战中显现出来。如果巴伐利亚交换计划不被年长的巴伐利亚选帝侯憎恨，也肯定会被他的家人和继承人深恶痛绝。他们处处设置障碍，阻止奥地利军队通过巴伐利亚抵达莱茵河，拒绝答应将曼海姆（Mannheim）用作联军的军事基地。于是，弗朗茨二世扣押了一大部分奥地利运往佛兰德斯的战备物资，期望找到机会与借口强行占据巴伐利亚，这也为扣留巴伐利亚军队提供了借口。巴伐利亚军队是用来监视奥地利军队的行动的。相比佛兰德斯和法国，普鲁士人更愿意将关注点放到波兰，因为他们不能从法国扩张领土，但从波兰却可以。于是，普鲁士派大部分普军向波兰挺进。于是，莱茵河畔的普军减少了。英国并未集中所有军队抵达佛兰德斯参加反法战争，而是在世界各地远征，这些地方包括土伦（Toulon）、科西嘉岛（Corsica）、圣多明哥（St.Domingo）和其他法属西印度群岛等地。英国期望占领法国殖民地作为战争补偿。剩余英军得到汉诺威人（Hanoverians）和黑森人（Hessians）支援后，来到敦刻尔克，打算夺取敦刻尔克作为英国的战争补偿。这部分英军没有与奥地利军队协作，去实现反法作战的主要目标。从以上情况可以看出，1793 年反法战争前，联军各方协同作战的可能性大大降低。肢解波兰从而获得战争补偿的希望是引起联军协同作战失败的主因。

土伦是位于法国南部的一座重要军事港湾城市。图为当时的土伦风貌，绘者信息不详

然而，联军各个将领和民主代表参加的安特卫普会议，直接导致反法战争的开始。奥地利、英国、荷兰的军队考虑到法军士气低落，没有按照既定计划去与莱茵河畔的普鲁士和奥地利军队会合，然后绕开边境要塞，直趋巴黎，进攻法国，而是忙着围困并占据这些要塞。奥地利军队和英军即将占领孔代[①]和瓦朗谢讷[②]。之后，英军转移到敦刻尔克，而奥地利军队即将包围勒凯努瓦[③]。与此同时，在布伦瑞克公爵查理·威廉·斐迪南的指挥下，普鲁士军队即

1793 年 7 月 25 日，约克公爵率军围攻瓦朗谢讷。菲利普·詹姆斯·德·卢泰尔堡（Philip James de Loutherbourg，1740—1812）绘

① 史称“孔代之围”。——译者注

② 史称“瓦朗谢讷之围”。——译者注

③ 史称“勒凯努瓦之围”。——译者注

将夺取美因茨[1]，接着打算西进。攻克这些要塞后，三国军队将会合，然后进攻法国。

从表面上看，这种作战计划似乎暂时为反法联军提供了获胜的希望。过了很长时间，孔代和瓦朗谢讷分别于 7 月 10 日和 28 日被奥军和英军占领，而美因茨于 7 月 2 日落入普军之手。随后，奥军队和英军做出了最不明智的选择，他们兵分两路了。约克公爵率部向西望海而去，最后抵达敦刻尔克。卡诺特伯爵[2]初次展现强大的组织能力和杰出的军事才华。法国国民公会受到他的鼓舞，派让·尼古拉·胡沙德[3]将军率领一支军队援救敦刻尔克。让·尼古拉·胡沙德将军成功解除了敦刻尔克危机，并以惨重的代价击败、赶走了约克公爵的英军。如果乘胜追击，他或许能打垮英军。但他却因忽视了这一点而被国民公会送上了断头台。于是，约克公爵侥幸地从让·尼古拉·胡沙德将军手中逃跑，再次西进，并与已经占领勒凯努瓦的科堡公爵会合。然后，英奥两军围攻了莫伯日[4]。

与此同时，国民公会获得建立防线的时间。法国北部的兵力得到加强。在让-巴普蒂斯特·茹尔当（Jean-Baptiste Jourdan）的指挥下，法军不怕牺牲，全力进攻莫伯日前线的联军，最后迫使联军撤退。10 月底，双方军队撤到冬季营地。已经占领美因茨的普鲁士军队没有继续西进。

① 史称“美因茨之围”。——译者注

② 卡诺特伯爵也就是拉扎尔·尼古拉·玛格利特·卡诺特（Lazare Nicolas Marguerite Carnot，1753—1823），法国数学家。在法国大革命中，他发挥强大的组织能力，是当之无愧的“后勤天才”。——译者注

③ 让·尼古拉·胡沙德（Jean Nicolas Houchard，1739—1793），法国大革命时期的法国将领。他是坚定的爱国者和法国革命的支持者。1792 年，他晋升为上校。1793 年，他担任北方军团指挥官。——译者注

④ 史称“莫伯日之围”。——译者注

东部的奥地利军队在冯·维尔姆泽公爵（Count von Wurmser）的指挥下，向阿尔萨斯的法军发起进攻，并在10月15日将法军从维森伯格（Wissenberg）一线驱逐。这时，如果美因茨前线的普鲁士军队能支援奥地利军队，就会起到很大作用。然而，普鲁士人不打算帮助奥地利实现占领阿尔萨斯的目标，所以拒绝前进。普鲁士国王离开了这支部队，为了参加对波兰的瓜分，他投入到波兹南的事务中。1793年的战役结束了，反法联军除了占领三四个边境要塞外，再无其他战果。

回顾1793年早些时候，如果联军能真正确保实现战斗目标的信念、协同作战，那么成功进攻法国、镇压法国革命的前景便一片光明。法国已经被内部的争斗搞得四分五裂。保皇党的势头依然强劲。里昂（Lyons）、马赛（Marseilles）、土伦都被保皇党控制。法国国民军秩序混乱。然而，缺乏团结、彼此忌妒、三大列强对领土扩张的贪婪，尤其是奥地利和普鲁士对扩大领土的欲望，使反法战争毁于一旦。联军延误了主要的进攻时机，将兵力浪费在占领要塞上，使法国有时间组织反击。公安委员会（Committee of Public Safety）因为有卡诺特伯爵、皮埃尔·路易·普里厄[①]和让-巴普蒂斯特·罗伯特·兰代[②]的加入而进行了重组。这三位英雄有着将侵略者从法国赶走、拯救法国的惊人意志和决心，在历史上，他们这种人还从未有过。

所有认真研究整个欧洲政治和这段时期的军事的人，都认为波

---

① 皮埃尔·路易·普里厄（Pierre Louis Prieur，1756—1827），法国律师。1789年，他被选入三级会议。法国大革命期间，他曾担任国民公会代表，成为公安委员会成员。——译者注

② 让-巴普蒂斯特·罗伯特·兰代（Jean-Baptiste Robert Lindet，1746—1825），法国大革命时期政治家，代表不断壮大的中产阶级的利益。——译者注

兰拯救了法国。波兰是奥地利和普鲁士的斗争之源。波兰分散了这些国家反法战争的注意力。对波兰领土的贪婪代替了对法国革命的敌意。如果说波兰将法国从表面上为镇压法国革命而联合在一起的敌人手中拯救出来，那么或许可以说法国革命是波兰遭受肢解和毁灭的祸根。

第九章 CHAPTER

波兰起义

精彩看点

波兰起义一触即发—法国胜利的消息极大地鼓舞了波兰的民族运动—塔德乌什·科希秋什科被选为波兰新民族运动的领导人—波兰起义爆发—议会通过遣散波兰军队的议案—塔德乌什·科希秋什科发表爱国宣言—安东尼·马达林斯基将军起义—劳克拉维茨战役—起义在华沙爆发—波兰爆发起义的时机不够成熟—腓特烈·威廉二世的主要军事和政治顾问反对继续发动另外一场反法战役—《海牙条约》—查理·詹姆斯·福克斯预测到普鲁士会欺骗英国—马姆斯伯里勋爵的一切抗议都徒劳无益—腓特烈·威廉二世对英国态度的变化—腓特烈·威廉二世对法国态度的变化—英国支付给普鲁士的绝大多数援助资金都花在镇压波兰起义上

叶卡捷琳娜大帝成为波兰的主人，就有关即将划给普鲁士的波兰领土与普鲁士签署条约后，立即将她无法满足的贪婪野心转向了土耳其。此前，弗朗茨二世已经向她暗示，愿意与她共同行动，进攻衰落的土耳其帝国。叶卡捷琳娜大帝怀着这样的目标，令占领波兰的大部分俄军西进，进至德涅斯特河一线。留在波兰的剩余俄军——不到两万人——受约瑟夫·伊格尔斯特罗姆将军指挥。其中，一半多的俄军驻扎在华沙。俄军的粮草都靠波兰人供应。俄军士兵通过大规模的劫掠和敲诈勒索等方式来补充他们微薄的薪饷。波兰各地都充斥着不满的情绪。秘密社团的数量成倍增长，起义一触即发。

自波兰战败以来，一直在德意志流亡的塔德乌什·科希秋什科被选为波兰新民族运动的领导人。他秘密访问了波兰，组织了一场起义。他公开与法国国民公会交流，受到国民公会的鼓励，并从国民公会获得了支持波兰革命事业的小额资金。塔德乌什·科希秋什科很清楚，波兰起义的时间应该向后推迟一些，最好等到俄国完全投入土耳其战争后再发动。然而，1793 年年底，法国胜利的消息极大地鼓舞了波兰的民族运动，增加了奥地利与普鲁士忙于反法战争、无力支援俄国的可能。

巨大的民族热情犹如烈火，燃烧了整个波兰。然而，起义一爆发，就遭到了驻波俄军的镇压。当时，遭遇第二次瓜分后的波军约三万人。叶卡捷琳娜大帝在得知波军中普遍存在不满情绪后，立即将波军的数量缩减到一万三千人，并令其中的七千波军驻扎在已经并入俄国的立陶宛，将剩余的六千波军分派到波兰的其他地区。此外，叶卡捷琳娜大帝还允许被遣散的波兰士兵自愿加入俄军。然而，波兰议会拒绝同意俄国的做法，所以遣散波兰军队计划的执行拖延了数周。直至 1794 年 3 月中旬，俄军采取强制措施，迫使议会通过了遣散波兰军队的议案。在一些地区，遣散波兰军队进展非常顺利，被遣散的士兵拒绝加入俄国军队。他们在华沙找到了出路，成为后来华沙起义的重要力量。在克拉科夫地区的普图斯克（Pultusk），波兰骑兵的十个分遣队在安东尼·马达林斯基（Antoni Madalinski）将军的

安东尼·马达林斯基。他是波兰起义的重要指挥官之一。绘者信息不详

领导下拒绝服从解散命令，然后扯起了起义的大旗。这加速了整个波兰起义的进程。为了镇压安东尼·马达林斯基将军起义，约瑟夫·伊格尔斯特罗姆将军派唐尼斯劳（Donnislaw）将军和亚历山大·托尔马索夫将军率七千俄军从华沙出发，直扑普图斯克。

这时，获悉波兰起义的塔德乌什·科希秋什科离开德累斯顿，火速赶往克拉科夫。1794 年 3 月 25 日，他抵达克拉科夫。他发现，驻扎在克拉科夫的波军已经将一部分俄军赶走了。虽然事实上俄土战争尚未爆发，但他意识到波兰起义必须马上发动，因为波兰军队是他起义计划中不可或缺的组成部分。塔德乌什·科希秋什科担任了波兰起义军指挥官后，发表了一份号召波兰人民为祖国而战的爱

塔德乌什·科希秋什担任了波兰起义军的指挥官。弗朗齐歇克·苏格勒威茨（Franciszek Smuglewicz，1745—1867）绘

国宣言。他宣布将在波兰实行专制统治，组建政府。他的号召受到波兰各地人民的热烈响应。克拉科夫地区的军民宣誓向他效忠。起义运动很快遍布整个波兰和立陶宛。许多大地主不支持这场起义，因为他们害怕革命原则会在他们的农奴中传播，但波兰的小贵族、来自华沙和其他城镇的市民加入起义行列。

4 月 29 日，塔德乌什・科希秋什科获悉安东尼・马达林斯基将军抵挡不住托尔马索夫将军的强力镇压，于是便率军两千离开克拉科夫，赶往克拉科夫，准备解救陷入重围的安东尼・马达林斯基将军。塔德乌什・科希秋什科与安东尼・马达林斯基会合后，起义军达四千人，其中一半是用镰刀武装的农民军。5 月 4 日，会合后的起义军在劳克拉维茨（Racławice）遇到亚历山大・托尔马索夫将军率领的俄军。虽然两军兵力相当，但亚历山大・托尔马索夫的军队全由荷枪实弹、训练有素的士兵组成。塔德乌什・科希秋什科在指挥中展现了英勇的战斗气魄和高超的指挥艺术。他指挥军队操着刺刀和镰刀进攻俄军主力，通过肉搏战击退俄军。他率领农民军冒着俄军的炮火继续进攻。农民军用镰刀杀了俄军的炮手。俄军损失惨重，被迫撤退。塔德乌什・科希秋什科因麾下骑兵的无秩序和面临的困境而不得不向克拉科夫撤退。但劳克拉维茨战役的荣耀全都归于塔德乌什・科希秋什科。

劳克拉维茨战役结束后，起义在华沙爆发了。约瑟夫・伊格尔斯特罗姆将军指挥俄军竭力去解除波兰的武装力量。俄军与起义军在华沙巷战两天。最后，俄军大败，4 月 18 日被赶出华沙。俄军损失了一半以上的兵力。在这场战斗中，约瑟夫・伊格尔斯特罗姆不具备应对如此猛烈的起义的能力。起义征兆出现的初期，他就将他的家产和情人一并送到了俄国。但他却没有制订任何集中兵力的计

亚历山大·托尔马索夫。俄军悍将、镇压波兰起义的急先锋。乔治·道（George Dawe，1781—1829）绘

劳克拉维茨战役。扬·马特吉科（Jan Matejko，1838—1893）绘

划，也没有派兵保护军械库，从而阻断起义军武器和火药的供给。俄军自由散漫，没有凝聚力，失去了抵抗力。华沙大捷后，起义的烈火燃遍了整个波兰，俄军被迫从波兰撤离。塔德乌什·科希秋什科发现他已经成为整个波兰起义的领导人。斯坦尼斯洛斯二世表示支持波兰临时政府，他仍然留在华沙。不过，斯坦尼斯洛斯二世现在的地位就像过去在俄国人控制下一样无足轻重。

叶卡捷琳娜大帝得知波兰起义后，怒火中烧。她决心报复波兰人民，彻底摧毁残存的波兰，然后与奥地利与普鲁士共同瓜分波兰的剩余领土。她认为，俄国还没有足够强大的力量来单独完成该目标。因此，她呼吁奥地利与普鲁士履行它们与俄国达成的有关援助俄国对抗波兰的义务。叶卡捷琳娜大帝非常幸运，因为此时俄国尚未完全投入俄土战争。于是，她暂时放弃了通过攻打土耳其扩大俄国版图的野心。她下令尽快与土耳其和解，命令亚历山大·瓦西里耶维奇·苏沃罗夫[①]率领的俄军在《俄土和约》生效后，立即转攻波兰。

波兰爆发起义的时机不够成熟。俄国实际上还没有陷入俄土战争的泥潭。出于不同的动机，奥地利与普鲁士对反法战争都不太积极。因此，这时，两国对获得从反法战争中抽身的理由感到非常庆幸。弗朗茨二世想要通过参加俄土战争来扩大奥地利的版图。在最近的瓜分波兰中，腓特烈·威廉二世已经获得波兰领土，于是应叶卡捷琳娜大帝之请，已经投入到反法战争中，他不想帮助奥地利保留或者重新获得比利时。他认为，在比利时除了能获得战胜雅各宾派的荣耀外，普鲁士将一无所获。

---

① 亚历山大·瓦西里耶维奇·苏沃罗夫（Alexander Vasilyevich Suwarrow，1730—1800），军事家、军事理论家、战略家、统帅，俄国军事学术的奠基人之一，常胜将军之一，著有军事学名著《制胜的科学》。1794年，他率军镇压波兰起义。——译者注

马姆斯伯里勋爵。他积极推动普鲁士履行《海牙条约》，但以失败告终。卡罗琳·沃森（Caroline Watson，约 1761—1814）绘

要不是英国的努力以及继续对法作战可能获得大量的补偿等因素，反法联军很可能早就解散了。1793 年 12 月，波兰爆发起义前夕，英国代表马姆斯伯里勋爵（Malmesbury）就已着手敦促普鲁士国王腓特烈·威廉二世发动另外一场反法战役。他发现实现这个目标存在很大的困难。他的阻力并非来自有着继续镇压法国革命强烈意愿

的腓特烈·威廉二世，而是来自腓特烈·威廉二世的主要军事和政治顾问。这些人几乎一致反对继续发动另外一场反法战役。

1794年1月，布伦瑞克公爵查理·威廉·斐迪南辞去普军总司令，他的继任者海因里希·冯·莫伦道夫元帅、舒伦贝格首相和深深影响腓特烈·威廉二世的驻维也纳大使吉罗拉莫·卢凯西尼，都竭力劝说服普鲁士国王停止反法战争。然而，他们很可能不会拒绝普鲁士从英国获得战争补贴，因为对急需资金的普鲁士来说，该补贴非常重要。普鲁士国库空虚，没钱支付军队薪饷，甚至连供给军队的粮草和武器都无法维持。

1794年4月19日，经过长时间协商，马姆斯伯里勋爵与布伦瑞克公爵查理·威廉·斐迪南终于使英国和荷兰作为盟友与普鲁士在海牙签署了条约。按照《海牙条约》，作为对英国提供补贴的回报，普鲁士应派装备精良的六万两千大军投入反法战争，另外再派两万名普军在美因茨集结，作为奥军的预备队。预备队受英国和荷兰的调遣，并将投入到另外一场推翻无秩序政府的反法作战中。到5月24日，预备队就应在美因茨严阵以待。这个作战计划由军事会议决定。按照条约，英国应一次性向普鲁士支付三十万英镑的现金，此外每月还需向普鲁士提供价值五万英镑的粮草。以上金额是按照八万两千人每人每月一百十二先令计算的。

1794年4月30日，小威廉·皮特要求下议院议员，投票表决用以兑现给普鲁士总计两百六十万英镑的援助资金，这遭到查理·詹姆斯·福克斯的猛烈抨击。

查理·詹姆斯·福克斯说，普鲁士的要求就等同于“使英国和荷兰加入到反法战争之列。英国与荷兰因为普鲁士的奋不顾身和甘愿冒险才加入反法战争。普鲁士再不愿意继续对法作战了，除非英国与荷兰承担普鲁士的军事开销”。这般可恶的行为鲜有人能够想得出。在现代政治史上，它充满了欺骗、背叛，卑鄙至极，非常罕见。普鲁士国王的行为如此卑劣，以致即便是对那些最不谨慎的人而言，他们也无法轻信这个国家。他将询问下议院议员，柏林宫廷对法国和波兰背信弃义的行为，能否说服我们，让我们绝对相信普鲁士将来会遵守条约？[①]

查理·詹姆斯·福克斯预测到普鲁士会弄虚作假，会让他的国家花出去的钱打水漂。虽然应小威廉·皮特的请求，经过绝大多数议员投票表决，该议案通过了，但查理·詹姆斯·福克斯的预测很快就应验了。普鲁士政府一边收着英国的援助资金，一边却丝毫没有履行它与英国此前签署的条约的义务。

通过马姆斯伯里勋爵的信，我们可以看出，普鲁士各位大臣开始提出履行《海牙条约》存在种种困难时，英国和荷兰作为同盟与普鲁士缔结的条约墨迹未干。在实际支付现金时，英国有些许延迟。虽然马姆斯伯里勋爵向普鲁士人做了好似援助资金已经进入普鲁士国库那样的保证，但普鲁士却以英国延迟支付为借口，迟迟不肯令普鲁士军队在美因茨集结。当英国的援助资金实际支付给普鲁士时，普鲁士却拒绝让已经在美因茨集结的普鲁士军队投入佛兰德斯战场。马姆斯伯里勋爵指着与普鲁士所订条约的确切条款，声称依照该条约，作为对英国支付援助资金的回报，普鲁士军队应该与奥地利和英国的军队一起对抗法国，但此时讲这些已经没有任何意义了。8月，马姆斯伯里勋爵和普鲁士大臣们商议后，给格伦维尔勋爵寄了一封急信。信中写道：

① 《议会史》：1794年9月30日。——原注

> 埃瓦尔德·弗雷德里希·冯·豪格维茨[①]是一个无足轻重的人。吉罗拉莫·卢凯西尼专断强横，因为他没有参与该条约的协商，所以现在他便用尽一切手段，阻止普鲁士履行该条约中的义务。海因里希·冯·莫伦道夫将军是个老糊涂，非常虚荣，没有什么值得称道的地方。

此外，马姆斯伯里勋爵再次表达了对普鲁士人的不满和反感。他补充道："对待普鲁士人，应该抱着比我预料的还多的怀疑，持有比我拥有的还透彻的洞察力，应假定世间的确存在这般背叛公德的行为。我向哈登堡（Hardenburg）断言，英王[②]除了依靠条约中表述的毋庸置疑的意思行动外，他将没有调遣普鲁士军队的权利。"[③]

马姆斯伯里勋爵所做的一切抗议都是徒劳无益的。普鲁士并不打算履行《海牙条约》中的义务。按照《海牙条约》，普鲁士应派六万两千名大军在美因茨集结，但实际上最多不过两万人。普鲁士做出明确指示，除了保卫德意志，不允许抵达美因茨的军队投入佛兰德斯或者另作他用。事实上，集结在美因茨的普鲁士的军队连同奥地利和英国的军队根本不足以实现对法战争的目标。

普鲁士违反《海牙条约》的主要原因在于普鲁士得知了波兰爆发起义的消息。消息传到柏林时，国王的顾问们向腓特烈·威廉二世施加压力，他们比以往更加坚决地向腓特烈·威廉二世谏言，说明普军从佛兰德斯和莱茵河的积极行动中撤离的必要性。他们称，波兰的起义之火将很快烧到紧靠波兹南的普鲁士，因此，普鲁士要

① 协商该条约的普鲁士大臣。——原注

② 乔治三世。——原注

③ 马姆斯伯里勋爵：《回忆录》，第2章，第113页。——原注

在这个方向备战。普鲁士必须采取果断措施。如果普鲁士能镇压波兰起义，占领克拉科夫，那么普鲁士便能在波兰问题上获得决定性的优势。普鲁士不可能同时在莱茵河和维斯瓦河开战。因此，海因里希·冯·莫伦道夫从法国战区撤离成为必然。为了英国和奥地利的利益牺牲普鲁士，对普鲁士来说，毫无意义。

普鲁士国王腓特烈·威廉二世的顾问们的谏言并未立即产生效果。因为普鲁士与英国签订条约的时间还不长。毫无疑问，腓特烈·威廉二世希望将英国的援助资金装进他的口袋里。就他个人而言，他依然希望通过镇压法国革命，赢得荣耀，建立功绩。他强烈抵制任何带有法国特色的东西。他甚至克制自己不去吃法国厨师烹饪的佳肴，不许普鲁士剧院聘用法国芭蕾舞女演员。他不会放弃任何可以诛灭巴黎弑君者的机会。他打算亲自率军西进去实现自己的意图。因此，从目前来看，他对任何背叛英国的建议都充耳不闻。然而，考虑到波兰起义对他的波兰省的威胁，他还是被说服了。于是，他下令调集部署在普鲁士东部边境的部队。

不久，随着波兰起义的进一步发展，腓特烈·威廉二世动摇了。他的顾问们建议他亲临波兰边境，指挥作战，并再次劝他放弃率军西征的计划。有的顾问建议他应要求奥地利履行《普奥条约》，派两万奥地利大军支持普鲁士镇压波兰起义。如果奥地利拒绝普鲁士的求援（基本肯定会拒绝），普鲁士便可以有理有据地令海因里希·冯·莫伦道夫将军率领集结在美因茨的两万名普军撤离，并派这支军队去增强普鲁士东部的兵力。顾问们还建议普鲁士国王，为了能将普鲁士全部兵力投入到镇压波兰起义的行动中，普鲁士应同法国和解。起初，普鲁士国王腓特烈·威廉二世依然坚定地否决了这些提议。但后来，经过普鲁士大臣和将军们的再次劝说，腓特烈·威

波兰起义军与普鲁士军队激战。绘者信息不详

为了抗击前来镇压的普鲁士大军，武装起来的
波兰农民。瓦莱雷·伊莱亚斯·瑞兹科维奇
（Walery Eljasz Radzikowski，1841—1905）绘

廉二世最终放弃了率军西征的打算。他决定于5月14日离开柏林前往波兹南，御驾亲征，指挥东面的普鲁士军队。与此同时，海因里希·冯·莫伦道夫奉命率两万名普军离开莱茵河赶往波兰。这是腓特烈·威廉二世从反法联盟中退出的第一步，或许也是最重要的一步。两个月后，腓特烈·威廉二世同他的大军抵达华沙时，吉罗拉莫·卢凯西尼和其将军再次劝说他同意与法国和解。腓特烈·威廉二世仍然倔强地拒绝了他们的建议。他说："谁都不能逼迫我做出与弑君者谈判这般可耻的行为。我如何面对支付给我援助资金的英国？我将被奥地利人贴上背叛者的标签。如果我们能获得和平，那么这无疑是一件幸运的事，但在雅各宾派感受到我们刀剑的威力之前，我们如何能正当地获得和平？我的所有臣民都不应该诱使我迈出背叛的第一步。"①

然而，几个月后，腓特烈·威廉二世便做出了他认为不耻的行为。在没有告知盟友的情况下，他便与法国政府就和解的事宜进行了磋商。之后，在没有让雅各宾派感受他的刀剑威力的情况下，他便退出了反法联盟。同时，腓特烈·威廉二世做出了人尽皆知的最无耻的行为：一边将英国提供给普鲁士的援助资金放入口袋，一边坚持拒绝履行条约中有关收到援助资金后普鲁士应当履行的义务。马姆斯伯里勋爵非常气愤。全力敦促普鲁士政府按照条约履行义务无果后，他向伦敦建议，停止向普鲁士按月发放援助资金。1794年10月25日，小威廉·皮特命令马姆斯伯里勋爵告知普鲁士政府，普鲁士将不会得到英国提供的任何援助资金。于是，普鲁士政府理直气壮地依据《海牙条约》谴责英国，好像背叛者是英国而非普鲁士。

① 海因里希·冯·西贝尔：《法国大革命史》，第4卷，第108页。——原注

从下议院发布的一份声明中可以看出，在过去的五个月里，按照英国和荷兰作为同盟与普鲁士在海牙签署的条约，英国政府支付给普鲁士的援助资金共计一百二十万英镑。该金额是按照应在美因茨集结的六万两千名普鲁士军队的全部人头计算出的。事实上，最多不过两万名普鲁士士兵抵达过美因茨，而且在美因茨短暂驻扎后，便奉腓特烈·威廉二世之命，向波兰方向转移了。从以上内容可以看出，英国支付给普鲁士的绝大多数援助资金都花在镇压波兰起义上，而非花在镇压法国革命上。这笔援助资金至今没有还给英国政府。不难想象，这是一场多么不光彩的交易。

第十章

CHAPTER

奥地利退出反法联盟

精彩看点

冯·图古特的政策主张—莫伯日要塞大战在即—联军实际由奥地利统帅科堡伯爵指挥—查理大公—1794 年战役打响—图尔昆战役—波兰起义进一步发展—英国挡住了奥利地与法国议和的道路—反法联军大败图尔昆的内幕—弗勒吕战役—英军退入荷兰—荷兰爆发人民运动—威廉五世被逐出荷兰—1794 年反法战役失败—波兰成为最大的受害国

虽然奥地利过了很久才退出佛兰德斯战役，但它在反法战争的关键时刻退出反法联盟导致的后果，与普鲁士背信弃义的行径所产生的后果相差无几，甚至更胜一筹。弗朗茨二世的首相冯·图古特得知普鲁士已派军支援叶卡捷琳娜大帝镇压波兰起义后，他对普鲁士的做法非常忌妒并充满猜疑。过去一段时间，他一直反对奥地利继续同法国作战。在他看来，奥地利在波兰、土耳其和意大利的领土扩张比获得比利时更重要。他认为，比利时就像套在奥地利脖子上的磨盘。他下定决心，如有可能，奥地利应同法国和解。1794 年 4 月 10 日，冯·图古特获悉波兰爆发起义、普鲁士大军抵达波兰后，他立刻向奥地利驻圣彼得堡大使菲利普·冯·科布茨尔寄了急信。这封急信向我们清晰地透露了冯·图古特的政策主张。

冯·图古特写道："相对波兰起义，我认为更严重的是，普鲁士会采取新的欺骗策略。普鲁士的军队已经开始向波兰进发了，俄国的约瑟夫·伊格尔斯特罗姆将军非但没有制止普鲁士大军进入波兰，反倒与普军达成共识。我们绝不允许普军在波兰逗留，从而在克拉科夫占据有利地位。奥地利国王既不愿意改变他从前的计划，也不打算占领波兰，而只在奥波边境某些要塞保留适量的驻军。然而，我相信奥地利国王所有的计划都将被普鲁士新的领土扩张所打乱。

俄国知道如何阻止普鲁士在波兰扩张，所以我们应该搞清楚俄国将采取怎样的措施制止普鲁士贪婪的扩张行为。我认为，首先，俄国会在波兰增军；其次，俄国会推迟与土耳其的战争。奥地利国王赞成俄国从土耳其扩张领土的计划，并准备与俄国合作共同对土耳其开战；但如果此时俄土开战，致命的后果将会出现，因为普鲁士会立即发起新的侵略行动。而奥地利为了对抗普鲁士，将被迫与法国和解。最重要的是，我们必须确保俄国不会在奥地利和普鲁士之间坐收渔翁之利。如果俄国允许普军进驻波兰，我们奥地利军队也应该向波兰进发，最后在瓜分波兰中获得我们的份额。”①

然而，冯·图古特阐述的政策没有立即执行。弗朗茨二世暂时仍将他的目标锁定在夺取比利时、熄灭法国革命之火上。因此，为了发动 1794 年战役，一支兵力雄厚的奥地利军队进至法国与比利时边境的莫伯日（Maubeuge）要塞前。莫伯日要塞是 1793 年反法联军最后败北的地方。由荷兰人和英国的汉诺威人共同组成的军队，在约克公爵的率领下，也抵达了莫伯日要塞，但因约克公爵没有指挥整场战役的能力，联军实际由奥地利统帅科堡伯爵指挥。经过公安委员会的竭力动员，法国集中大部分军队对抗联军。公安委员会以拉扎尔·卡诺为精神领袖，采用他的军事策略。然而，法军纪律松懈，缺乏战斗经验，尤其是让－查理·皮什格吕②将军指挥的骑

① 海因里希·冯·西贝尔：《法国大革命史》，第 3 卷，第 439 页。——原注

② 让－查理·皮什格吕（Jean-Charles Pichegru，1761—1804），法国大革命时期杰出将领。他率法军在莱茵河前线打垮比利时和荷兰。后来，他因参加反对拿破仑的保皇党活动而被处死。——译者注

让－查理·皮什格吕。反法战争中，他是法军骑兵的重要指挥官之一。绘者信息不详

兵尤甚。法军的主要指挥官包括让·维克多·马里耶·莫罗[①]、瑞格纳（Regnier）、约瑟夫·索哈姆和麦克唐纳（Macdonald），他们不久就出名了。

1794年4月1日，弗朗茨二世和他的两个弟弟离开维也纳，前往比利时。查理大公是弗朗茨二世的其中一个弟弟。在之后进行的反拿破仑战争中，他声名远扬。不久，冯·图古特在比利时觐见弗

弗朗茨二世之弟查理大公。约翰·巴普蒂斯特·泽勒（Johann Baptist Seele）绘

① 让·维克多·马里耶·莫罗（Jean Victor Marie Moreau，1763—1813），法国著名将领。1794年，他在图尔昆战役中一战成名。他因坚持共和制而被拿破仑流放到美洲，后应贝尔纳多特的邀请再次上战场，制定击败拿破仑的战术，但他没看见拿破仑退位就在德累斯顿战死。他一生追求共和制，但到最后没能如愿。——译者注

朗茨二世。4 月 14 日，他们在瓦朗谢讷加入科堡伯爵率领的军队。于是，1794 年战役开始了。弗朗茨二世亲自指挥联军作战，但因为他不能胜任此职，所以实际上反法联军仍受科堡伯爵的指挥。而在关键问题上，科堡伯爵必须服从弗朗茨二世，同时受到弗朗茨二世亲信的掣肘。反法联军共计十六万两千人，其中英国人、荷兰人和汉诺威人四万五千人。

短时间内，反法联军挺进顺利。4 月 24 日和 4 月 26 日，英奥联军的骑兵分别在维莱科谢（Villers-en-Cauchies）和勒卡托（Le Cateau）打了胜仗。反法联军大肆屠杀，法国步兵受到重创。然而，5 月 16 日到 5 月 18 日，反法联军在图尔昆战役中大败。与此同时，

图尔昆战役。在这场战役中，反法联军被法军击退。查理·路易·莫赞绘

波兰起义进一步发展的消息以及驻华沙的俄军被赶走的消息传到俄国。叶卡捷琳娜大帝惊慌不安。她通过奥地利驻圣彼得堡大使加强了与冯·图古特的联系。她请奥地利大使转告冯·图古特，如果弗朗茨二世能援助俄国镇压波兰起义，那么再次占领波兰后，奥地利将获得一大份瓜分波兰的份额。这充分表明，瓜分波兰的另一个计划正在酝酿之中。一支普鲁士军队已经抵达波兹南，准备帮助俄军镇压波兰起义。从上文可知，普鲁士的援军正在赶往波兰的途中。普鲁士国王腓特烈·威廉二世打算指挥在波兰的普鲁士军队。如果奥地利不提供援助，那么毫无疑问，瓜分波兰将在完全不顾及奥地利的利益下进行。在这种情况下，冯·图古特忌妒、怀疑普鲁士发兵波兰的动机，他比以往任何时候都渴望尽快结束奥地利和法国的战争。大约在此时，法国发给奥地利一份密函。密函中的提议对奥地利非常有利，或许使奥地利可能保留比利时。

然而，英国挡住了奥地利与法国议和的道路，因为它的主要目标是消灭国民公会、镇压法国革命。弗朗茨二世与冯·图古特打算尽全力克服这种阻力。帝国参谋部的重要成员，包括对弗朗茨二世有很大影响的沃尔德克伯爵和罗林（Rollin）将军都赞成冯·图古特的意见。他们所组成的奥地利"背叛集团"一致认为，如果奥地利在佛兰德斯战役中获胜，弗朗茨二世就更不会关注波兰。而此前为奥地利皇帝制定反法战争策略的科堡公爵和卡尔·马克·冯·莱贝里希[①]将军却反对"背叛集团"的观点。

① 卡尔·马克·冯·莱贝里希（Karl Mack von Leiberich，1752—1828），1769年进入奥地利骑兵服役；1778年参加巴伐利亚王位继承战争，因表现突出而被选入参谋部任职；以参谋的身份参加了1789至1791年的奥土战争；法国大革命爆发后，担任驻比利时奥军指挥官萨克森－科堡大公的参谋长；1794年晋升为少将。——译者注

约克公爵狼狈地逃离了图尔昆战场。绘者信息不详

在奥地利内部存在意见分歧的情况下，图尔昆战役打响了。在图尔昆战役中，反法联军九万，法军七万。虽然两军实力悬殊，但此战役却以反法联军败北而告终，这实际上决定了整个反法战争的结果。反法联军有六支纵队，其中两支纵队主要由英国人、荷兰人和汉诺威人组成，分别受约克公爵和鲁道夫·里特尔·冯·奥托将军指挥，在这次战役中，它们全军覆没；离它们不远的剩余三分之二的反法联军完全由奥地利人组成，虽然驻扎在离图尔昆战场很近的地方却按兵不动，丝毫没有支援盟军、避免战败的打算。弗朗茨二世根据参谋部的建议，直接向奥地利军队下达了“按兵不动”这条引起灾难性后果的军令。虽然约克公爵激烈抗议了弗朗茨二世的军令，但弗朗茨二世却向他反复强调了这条军令。约克公爵服从了弗朗茨二世的命令，从而造成反法联军的两支纵队覆没，导致反法联军彻底失败。约克公爵率残部顽强抵抗后，狼狈地逃离了战场。

这场战役结束一百多年后，约翰·威廉·弗特斯克首次从陆军部查阅了相关档案，编纂了《英国军队史》一书。该书详尽地描述了这场不幸战役的内幕，内容引人入胜、字字珠玉。在约翰·威廉·弗特斯克看来，这条引起灾难性后果的命令唯一可能的解释是，它“由荒唐而深思熟虑的不怀好意者下达”，又经“各种政治动因促成”。“有人或许会问，”他说，“两支纵队相当于联军的三分之一，在惨遭歼灭之际，联军其余各部都在做什么？答案是，出于某些原因，它们袖手旁观，坚持了‘不作为’的态度。而这正是它们的统帅部所期望并同意的行为。”在这本书的结尾，约翰·威廉·弗特斯克认为，奥军“不作为”的真正原因是冯·图古特厌倦了在比利时的战争，他希望英国也有同样的想法。“对反法战争起决定作用的战役的失败，”约翰·威廉·弗特斯克声称，“是奥地利帝国参谋部和政府的故意造成的。”①

海因里希·冯·西贝尔也得出了相同的结论。“奥地利按兵不动、让盟友去牺牲的决定，导致图尔昆战役的失败和法国的胜利……我们或许会认为，如果沃尔德克伯爵执行了这条可以左右整个战局的命令，他便会由此达到整个政治生涯的巅峰，因为他将比利时从战争的泥沼中拯救出来，这一点是无可争议的。”②海因里希·冯·西贝尔认为，考虑到波兰的地理位置和冯·图古特对普鲁士的忌妒，冯·图古特应对这场战役造成的灾难性后果负主要责任。这条造成灾难性后果的军令是冯·图古特说服弗朗茨二世放弃反法战争计划的一部分。

任何仔细分析这场灾难细节的人都能进一步印证历史学家弗特斯克和海因里希·冯·西贝尔得出的结论。只有这两位历史学家曾

① 约翰·威廉·弗特斯克：《英国军队史》，第4章，第270页。——原注
② 海因里希·冯·西贝尔：《法国大革命史》，第3卷，第435页。——原注

试图对这场战役中奥地利离奇的策略做过解释。他们的观点被后来研究这段历史的学者肯定。图尔昆战役后，波兰起义的发展仍然进一步影响了弗朗茨二世的顾问们。5 月 23 日，卡尔·马克·冯·莱贝里希将军因为他制定的计划遭到失败而受他人厌弃，所以他辞去了参谋长一职，他的职位由沃尔德克伯爵接替。我们此前已经看出，沃尔德克伯爵与冯·图古特属于同一派系，他们都赞同奥地利结束佛兰德斯战役，即使这样做会失去比利时也在所不惜。5 月 24 日，

卡尔·马克·冯·莱贝里希将军。图尔昆战役后，他不再担任参谋长。绘者信息不详

弗朗茨二世召开了军事会议。会议上，有些与会人员对弗朗茨二世说，对奥地利而言，继续争夺比利时已经毫无意义。只有约克公爵仍然坚持继续进行佛兰德斯战役。因此，放弃比利时的建议也没有立即落实。5 月 28 日，弗朗茨二世决定将奥军从佛兰德斯撤回维也纳。他给出的理由是希望加快奥军招募的进程。没人会相信这个理由。他下达这个命令的真正原因是冯·图古特的建议对他的影响，即解决处理波兰问题、阻止普鲁士在镇压波兰起义后获得比他还要多的瓜分份额。

弗朗茨二世离开军队使剩下的奥军将领深感挫败。科堡伯爵有意辞职，经别人努力劝说，才勉强留任。奥地利三分之二的军官也打算辞职。虽然反法联军各部与变化无常的命运进行了抗争，但基本上最后都被迫撤退了。1794 年 6 月 26 日，弗勒吕战役打响了，反法联军再次战败。弗勒吕战役不可逆转地决定了整个反法战争的

1794 年 6 月 26 日，弗勒吕战役打响了。让 - 巴普蒂斯特·莫泽斯（Jean-Baptiste Mauzaisse，1784—1844）绘

胜负，而奥地利永远失去了比利时。1794 年 7 月 29 日，科堡伯爵指挥的奥军受让－巴普蒂斯特·茹尔当统率的法军追赶，被迫与约克公爵率领的军队分开，往莱茵河撤退。约克公爵的大军由英国人和汉诺威人组成，跨过边境，进入荷兰，然后严阵以待，准备帮助荷兰人对抗法军入侵，但却发现不受荷兰人的欢迎。荷兰人发起的支持法国的民众运动推翻了威廉五世的统治，威廉五世被逐出荷兰。法军穿越荷兰边境追赶约克公爵率领的军队时，荷兰军队没有丝毫抵抗。荷兰各要塞纷纷向法军投降。已经冻结在须德海（Zuyder Zee）上的荷兰舰队，任由法国的一中队骑兵捕获，束手就擒。各地的荷兰人都视英军为敌人，拒绝向英军提供粮草。城镇大门向英军关闭。在让－查理·皮什格吕率领的法军追赶下，英军被迫从一个据点逃窜至另一个据点。在寒风凛冽的几个月里，经历苦不堪言的悲惨境遇和巨大损失后，英军穿过荷兰，向东撤退，损失惨重。1795 年 4 月，英军穿过边境，来到普鲁士的不来梅（Bremen）。接着，幸存英军转移到英国。

从宏观上看，反法联军在 1794 年的战役中没有明显的胜算。普鲁士自始至终充满虚伪。战役期间，无论是保护比利时对抗法国，还是以推翻法国革命为目的进攻法国，普鲁士都未曾出力。普鲁士打着实现以上目标的幌子，收取了英国的援助资金，但却将这些钱花在进攻波兰上。对法作战开始之际，奥地利就带着明显的意图。在冯·图古特所推崇的马基雅弗利主义的指导下，奥地利在图尔昆战役中的不作为使盟军惨遭失败，其目的或许是诱使奥地利国王弗朗茨二世放弃比利时，将全部精力投入到瓜分波兰上。

如果普鲁士履行承诺，将六万两千名士兵拨给英国人调遣，并且积极参加佛兰德斯战役；如果奥地利“秉诚行事”，全力以赴地

约克公爵。弗勒吕战役后，他率英军撤至荷兰，损失惨重。约书亚·雷诺兹（Joshua Reynolds，1723—1792）绘

威廉五世。随着共和主义思潮在荷兰的传播和反法联军的节节败北，荷兰爆发群众运动，推翻威廉五世的统治。威廉五世被迫流亡海外。约翰·蒂施拜因（Johann Tischbein，1750—1812）绘

争夺比利时，获得比利时之际进攻法国；如果英国幸运地有一名能征善战的陆军部大臣，集中英军全力以赴地投入佛兰德斯战役，而不是徒劳无益地在世界各地征战损耗兵力，那么虽然英普奥联军预期的反法战争的目标是否能实现或许还值得商榷，但对法国造成威胁的程度却是毋庸置疑的。然而，幸运的是，波兰起义分散了反法联军的注意力，从而帮助了法国，使反法联军最终败北。虽然奥地利失去了比利时，但却在加利西亚获得价值更大的领土。在西部毫无斩获的普鲁士最终在东部大大扩张了领土，同时失去莱茵河西岸的领土，尽入法国彀中。英军穿越荷兰撤退时的损失比其盟军更惨重。1794 年的战役既没有阻止法国占领比利时，也没有阻止法国控制荷兰，最终的结果是比利时成为法国的附庸，荷兰退出反法联盟、与法国结成亲密的联盟。与此对应的是，英国占领了西印度群岛的一些殖民地，击退了法国对英国殖民地的进攻。然而，在所有相关的国家中，波兰是 1794 年反法战役失败的最大受害国。当时，俄国能否独自镇压发生在波兰和立陶宛的起义值得怀疑。至少叶卡捷琳娜大帝向奥地利和普鲁士发出紧急求援之际，她对波兰起义是惧怕的。奥地利与普鲁士都不愿意在佛兰德斯和维斯瓦河同时作战。奥地利与普鲁士都贪图领土扩张，并且相互忌妒、猜疑。奥地利与普鲁士一样卑鄙无耻地退出反法联盟，旨在同俄国一起掠夺、瓜分不幸的波兰的剩余领土。

第十一章 CHAPTER

镇压波兰起义

精彩看点

镇压波兰起义的俄军严重不足—亚历山大·瓦西里耶维奇·苏沃罗夫率俄军抵达波兰边境—马尔科夫引用俄国谚语—奥地利同法国讲和是唯一可能成功阻止普鲁士瓜分波兰的办法—俄国和奥地利无法相信普鲁士的理由太多了—拿骚–锡根伯爵对腓特烈·威廉二世的影响—腓特烈·威廉二世统一指挥普军与俄军—奥地利下决心不让普鲁士占领克拉科夫—腓特烈·威廉二世今非昔比—布伦瑞克公爵饱受“折磨”—普军夺取华沙是非常必要的环节—腓特烈·威廉二世决策失误—塔德乌什·科希秋什科退守华沙—华沙城里派系林立—腓特烈·威廉二世拒绝与国民公会中的“恶棍和流氓”谈判—叶卡捷琳娜大帝反对现在进攻华沙—腓特烈·威廉二世做出令普鲁士蒙羞的决定—亚历山大·瓦西里耶维奇·苏沃罗夫重挫华沙守军—普拉加战役—俄军占领华沙城—腓特烈·亨利·路易亲王的劝说

从前，俄国兵力充足，武器先进，不管在东方还是在西方，迅速集结成千上万的大军不在话下，因此，现在让我们理解叶卡捷琳娜大帝发现召集数千名镇压波兰起义的军队存在困难，是不容易的。事实证明，波兰起义爆发之际，驻波兰和立陶宛的俄军只有两万。其中，至少有六千人在华沙和克拉科夫前线攻打塔德乌什·科希秋什科指挥的起义军的战斗中阵亡。叶卡捷琳娜大帝现在能从邻近的省或者经里加直接从圣彼得堡调遣的兵力只有几千人。她能依靠的只剩下亚历山大·瓦西里耶维奇·苏沃罗夫指挥的俄军了。这支俄军驻扎在德涅斯特河畔，只有俄国与土耳其达成和解，才能没有后顾之忧地开往波兰，但即便如此，也得行进数百英里后才能抵达战场。

1794 年 6 月 28 日，俄国与土耳其最终和解的条约生效。亚历山大·瓦西里耶维奇·苏沃罗夫奉命率部向波兰进发，虽然急速前行，但直到 9 月 6 日才抵达波兰边境。与此同时，叶卡捷琳娜大帝担心起义的烈火会因迟迟未受镇压而日盛，她认为有必要向奥地利和普鲁士求援。于是，她亲自给腓特烈·威廉二世写信，要求普鲁士按照此前签订的《俄普条约》向俄国提供援助。当日，在给俄国驻普鲁士大使拿骚－锡根（Nassau-Siegen）伯爵的信中，她写道：“放下一切常规，摈弃一切忌妒之心。必须建立一个统一、团结的联盟来根除波兰的祸患；联盟的主要目标旨在反对波兰国王、削弱国王的法定权力。”她也给弗朗茨二世写了信。她写道：“与波兰相邻的三个国家必须共同努力的时候到了，不仅要扑灭已经在我们邻国燃起的起义的星星之火，而且要防止起义之火在被扑灭后再次复燃。”①

当腓特烈·威廉二世向叶卡捷琳娜大帝建议，平息波兰起义后，俄国、普鲁士和奥地利最好达成瓜分波兰的条约时，叶卡捷琳娜大帝没有表态。她询问大臣马尔科夫的看法时，马尔科夫引用俄国谚语答复道：“只有当熊被杀死后，才能处理熊皮。”尽管她的大臣不认可腓特烈·威廉二世的提议，但丝毫没有影响她与弗朗茨二世充分谈论未来事宜的热情。马尔科夫直截了当地向奥地利驻圣彼得堡大使菲利普·冯·科本茨尔问道：“你的主人想在波兰得到什么好处呢？”菲利普·冯·科本茨尔回答道：奥地利要求获得两个等价物，一是1793年生效的、奥地利国王被不公正地排除在外的瓜分波兰的份额；二是奥地利打算获得的新的瓜分份额。这两个政客仔细地研究了波兰的地图。

菲利普·冯·科本茨尔问：“在波兰剩余版图上，我们还能有哪些作为？”

马尔科夫回答道：“最好全部瓜分。”

马尔科夫还补充道，俄国女皇愿意与奥地利达成秘密协定，无论在波兰事务上，还是在法国事务上，将保护奥地利免受普鲁士的威胁和强夺②。

1794年4月10日，离开维也纳前往佛兰德斯战场的前夕，弗

① 艾伯特·索雷尔：《欧洲与法国革命》，第4卷，第93页。——原注
② 艾伯特·索雷尔：《欧洲与法国革命》，第4卷，第94页。——原注

朗茨二世写给菲利普·冯·科本茨尔一封信。他写道："如果新一轮瓜分波兰在所难免，那么奥地利将要求获得适当的份额，譬如因普鲁士连续扩张而补偿奥地利相应的份额。如果普鲁士向波兰派兵，那么奥地利也向波兰派兵。如果俄国对普鲁士进攻波兰让步，那么奥地利同法国和解就成为必要之举。"

冯·图古特也写信道："如果普鲁士的所有贪念都集中在新的瓜分阴谋中，那么奥地利必然会反对这个阴谋。如果情况果真如此，那么奥地利就不可能继续同法国作战。"冯·图古特承认，奥地利同法国讲和是唯一可能成功阻止普鲁士瓜分波兰的办法。因此，弗朗茨二世命奔赴佛兰德斯战场的援军暂时停止前进。

俄国和奥地利无法相信普鲁士的理由太多了。驻加利西亚的奥军只有一万八千人，只要奥地利同法国的战争不停止，这里的兵力就不可能增加。正如我们之前提到的，俄国增兵波兰也存在很大困难，除非俄国与土耳其和解。在波兰以及普占波区，普鲁士的兵力多达五万，其中一万八千人驻扎在克拉科夫地区，由福尔（Favral）将军指挥。普军在波兰集结影响了驻莱茵河畔的普军的军费，英国提供的反法战争援助资金被挪用作驻波普军的军费，这使普鲁士不能履行此前与英国达成的增派六万两千普军与联军在佛兰德斯共同对法作战的承诺。

1794 年 6 月 3 日，普鲁士国王腓特烈·威廉二世抵达靠近驻克拉科夫的福尔将军的大本营，亲自指挥普军作战。随行的还有卢凯塞将军和曼斯泰因（Mannstein）将军。曼斯泰因将军是腓特烈·威廉二世的主要军事顾问，他学识渊博，高瞻远瞩，堪称大将。过了几天，俄国大使拿骚－锡根伯爵来到腓特烈·威廉二世的驻地，向他提供了叶卡捷琳娜大帝最新的军事部署。他对这位意志薄弱、犹豫不决的国王施加了强大的影响力。

费尔森（Fersen）将军率一万两千俄军，在克拉科夫与普军会合。俄军之一部是华沙战斗中的败军。俄军与普军会合后，由腓特烈·威廉二世统一指挥。据推测，这时的兵力足以剿灭波兰起义军，并占领华沙。

腓特烈·威廉二世和顾问们热切期盼得到包括华沙和克拉科夫在内的纳雷夫河和维斯瓦斯河以西的波兰领土。如果普军在奥军和亚历山大·瓦西里耶维奇·苏沃罗夫率领的俄国援军抵达波兰前战胜塔德乌什·科希秋什科，占领华沙和克拉科夫，那么俄国、普鲁士和奥地利最终讨论瓜分波兰时，在觊觎已久的波兰领土问题上，普鲁士将占据优势。"幸哉，占有者！"在当时是一个很好理解的箴言。这句最初不是由俾斯麦提出的箴言，适用于谈判。卢凯塞和曼斯泰因催促腓特烈·威廉二世考虑这句话的含义，并劝他振奋勇气，下定决心，采取行动。毫无疑问，如果腓特烈·威廉二世当时采纳了这两位将军的建议，那么普鲁士便会处于最有利的地位。

奥地利下定决心不让普鲁士占领克拉科夫。弗朗茨二世认为，要想扩大加利西亚的面积，克拉科夫和桑多米尔（Sandomir）地区是必不可少的。叶卡捷琳娜大帝同样不愿普鲁士大肆扩张领土。然而，无论前景如何，如果普鲁士大军打败了波兰人，那么普鲁士都会处于实际占领这些领土的有利地位。然而，因为腓特烈·威廉二世指挥大军时缺乏气魄，所以在获得占领华沙城的机会时，他却丢掉了这些原本能够拥有的地区。

这时，腓特烈·威廉二世五十岁了，已到知天命的年纪。他垂垂老矣，耽于享乐。虽然他仍旧雄心勃勃，保持着德意志民族渴望领土扩张的本能，但他却失去了伟大先祖的力量、决心和自信。他缺乏对政治是非对错的辨别力。在许多重要的时刻，虽然腓特烈·威廉二世约束了自己的恶性，但他却习惯性地沉醉在事无巨细之中。作为一国之君，他最糟糕的缺点是他不信任他的顾问，并喜欢用驳回顾问们提出建议的方式，来显示他独到的见解和至高无上的权力。他不够自信，容易受到那些无责任、无道德的旁观者的影响。他也常听他众多情妇的意见，而在背地里，这些人又受他人操纵。他缺乏军事才能，却不愿意将权力下放给有能力的人。于是，这些能人提出的良好计划常因他的横加干涉而无法实施。布伦瑞克公爵查理·威廉·斐迪南是遭受这种"折磨"最严重的人。在那个时代，他被公认为最有才干的将军，然而，在腓特烈·威廉二世的干预下，他在 1792 年和 1793 年反法战役中丧失了大部分荣誉。他抱怨道，他只不过是名义上的统帅，在关键问题上，他不得不屈从于腓特烈·威廉二世的意志。他写道："普鲁士国王并不像法王路易十四，将军权交给孔代亲王①和蒂雷纳子爵②。普鲁士历代君主本质上都生于军人家庭。作战期间，作战路线都以国王为中心，而统帅的指挥权已经被削弱到令人想反抗的地步。"③

① 孔代亲王（Prince de Conde，1621—1686），波旁王朝著名的军事家和政治家。三十年战争后期，他指挥法军与西班牙军作战，鲜有败绩，为法国在欧洲大陆霸权的建立做出重要贡献。后来，他在国内政治斗争中失势，背叛祖国，投靠西班牙。直到 1659 年《比利牛斯和约》签订、受到法王路易十四宽恕后，他才回国，并深受路易十四重用。他掌握军事大权，几乎参加了 1659 年到 1674 年法国所有对外战争。1675 年，他退役并积极投身宗教活动，1686 年 11 月 11 日逝世。——译者注

② 蒂雷纳子爵（vicomte de Turenne，1611—1675），路易十四最宠信的元帅之一，与孔代亲王齐名。三十年战争中，他立下赫赫战功，令法国的敌人为之色变。第一次投石党运动期间，他的战友孔代亲王被捕入狱，他流亡荷兰。首相马萨林宣布大赦后，孔代亲王被释放，他也返回法国。第二次投石党运动期间，他拥护王室，孔代亲王反对亲王。之后，他击败孔代亲王。1675 年，率法军渡河击敌时，他被炮弹炸死。他麾下猛将如云，出了许多元帅，在军事史上堪称一时之盛。——译者注

③ 菲茨莫里斯伯爵：《布伦瑞克公爵传》，第 63 页。——原注

孔代亲王。他深受路易十四宠信，获得指挥法军的大权。贾斯特斯·范·埃格蒙特（Justus van Egmont，1602—1674）绘

蒂雷纳子爵。他被誉为“路易十四最锋利的宝剑”。梅里－约瑟夫·勃朗德尔（Merry-Joseph Blondel，1781—1853）绘

腓特烈·威廉二世亲临波兰指挥作战时，他性格中的所有缺点都暴露无遗。普军夺取华沙是非常必要的环节。卢凯塞将军和曼斯泰因将军都竭力劝他占领华沙，但没有奏效。腓特烈·威廉二世受拿骚-锡根伯爵的蛊惑，走上了完全相反的道路。他没有觉察到叶卡捷琳娜大帝的兴趣和采取的策略恰恰与他相反。叶卡捷琳娜大帝的目标是拉长战线，阻止腓特烈·威廉二世实际占领觊觎已久的波兰领土。随后我们可以看出，如果腓特烈·威廉二世当时拥有哪怕半分如亚历山大·瓦西里耶维奇·苏沃罗夫那般的气魄，他或许早已成为华沙的主人。

诚然，在一段时间内，腓特烈·威廉二世也曾进行过出色的指挥。1794 年 6 月 5 日，他得知波兰军队在塔德乌什·科希秋什科的指挥下从克拉科夫出发。于是，他命普军支援克拉科夫前线的杰尼佐夫（Denizoff）指挥的俄军。塔德乌什·科希秋什科与杰罗沃卓斯基（Growchowski）将军会师。波军仅一万七千人，其中只有一半士兵是正规军，而另一半是匆匆揭竿而起的农民，他们用镰刀武装自己。镇压波兰起义的俄军和普军共三万七千人。显然，战斗的结果没有悬念。虽然波兰人进行了英勇反击，但他们的军队在拉夫卡河（Rawka）彻底失败。由农民组成的波军溃不成军、四处逃散。塔德乌什·科希秋什科率残部向华沙撤退。6 月 15 日，普军占领克拉科夫。

如果腓特烈·威廉二世乘胜追击，毫无疑问他能阻止塔德乌什·科希秋什科撤往华沙，甚至能在没有遭到激烈抵抗的情况下占领华沙。然而，他用一种最不能让人理解的方式，拖延了军事行动。拉夫卡河战役结束两周后，腓特烈·威廉二世才率军挺进华沙。塔德乌什·科希秋什科获得了联络溃军、从其他地区得到援军、招募新的农民军的机会。7月9日，塔德乌什·科希秋什科做好所有准备，率军进入华沙。他能够集结的力量包括一万七千名士兵和一万三千名未受军事训练的农民。这些兵力与城内市民一起保卫华沙。军火库的四百五十杆枪因约瑟夫·伊格尔斯特罗姆将军的疏忽大意而落入起义军之手。因为华沙是永久性筑城，所以实际上是不设防城市，但市民们还是花费数周时间挖了战壕。华沙城里，派系林立，存在严重分歧，这在一定程度上增加了守城的难度。一共有三个派系。其中一个小派系是亲俄派，他们大部分受俄国豢养，而剩下的那部分也盼着从俄国获益。另外一个派系以斯坦尼斯洛斯二世为首，大部分是富有的市民，虽然同情起义军，希望起义军成功，但却并不相信起义军能成大事。在他们看来，起义成功的希望渺茫。他们既

惩治塔戈维查联盟的叛国者。如果某叛国者没有被抓住，那么就用其肖像代施绞刑。扬·彼得·诺尔布林（Jan Piotr Norblin，1745—1830）绘

不赞成大多数市民的民主观点，也怀疑自己的观点。民主派要求采取严厉措施，惩治塔戈维查联盟的叛国者和在格罗德诺议会中投票同意波兰与俄国、普鲁士签订条约的成员。于是，七名塔戈维查联盟的成员被绞死了。要不是塔德乌什·科希秋什科采取强硬措施干预，并用相似的方法惩治滥用绞刑的暴民，可能会有更多的人身首异处。

之前的种种事迹表明，塔德乌什·科希秋什科拥有高尚的品德。面对困难、陷入险境时，他能沉着应对。他杰出的军事才能大大激发了士兵们的战斗信心。因此，士兵们非常爱戴他，都称他为“撒迪厄斯之父”（Father Thaddeus）。“撒迪厄斯之父”通常用来指代完美无缺的品质和真正的爱国者。然而，塔德乌什·科希秋什科是否具有指挥华沙保卫战的能力呢？这是值得怀疑的。他既没有乔治·雅克·丹东[①]那样坚定百姓信念的能力，也没有拉扎尔·卡诺那样强大的组织能力。他的为人很像德·拉斐特侯爵，富有同情心，常穿着农民的衣服。然而，为了避免疏远贵族，他总是克制自己不要发动农民。他的主要顾问都是从温和派中选出的，这使民主派怀疑他的动机。于是，华沙城内的两个主要派系有时在战壕中并肩战斗，争先恐后地进攻敌人，有时却又怒目而视，怀疑对方背叛。在这种情况下，进行华沙保卫战存在很大的困难。

直到7月13日，普军才出现在华沙城前。卢凯塞将军和曼斯泰因将军强烈建议腓特烈·威廉二世立即令普军进攻华沙市民匆忙构

① 乔治·雅克·丹东（Georges Jacques Danton，1759—1794），法国政治家、大革命领袖、社会活动家，雅各宾派主要领导人之一。他雄辩滔滔，被称为“平民演说家”。他是公安委员会第一任主席。许多历史学家将他描述为“推翻法国君主制和建立法兰西第一共和国的主要人物”。——译者注

德·拉斐特侯爵。美国独立战争期间，塔德乌什·科希秋什科曾在德·拉斐特麾下服役，并深受他的影响。约瑟夫（Joseph-D é sir é Court，1797—1865）绘

筑的战壕。然而，腓特烈·威廉二世拒绝了他们的建议。几周后，尽管起义军在允许的时间内增强了兵力，积累了实战经验，具备了更好地反击俄军和普军的能力，但后来亚历山大·瓦西里耶维奇·苏沃罗夫将军却使用一小部分俄军，就毁灭了起义军的一切努力，占领了华沙城。诚然，腓特烈·威廉二世的智力略逊于这位杰出的俄国将军。他竟然被俄国大使拿骚-锡根伯爵说服，放弃对当时战情的正确判断，大大偏离了既定的作战计划。毫无疑问，拿骚-锡根伯爵已奉叶卡捷琳娜大帝之命，尽量拖延普鲁士对华沙的进攻，直到亚历山大·瓦西里耶维奇·苏沃罗夫率领的俄国援军进入波兰。实际上，叶卡捷琳娜大帝暗示拿骚-锡根伯爵，她希望普鲁士战败并从华沙撤退；这样一来，俄国就能恢复对波兰的影响力，而在最终对波兰的瓜分中，普鲁士不会尽占优势。

拿骚-锡根伯爵的建议使腓特烈·威廉二世信服，于是，普军在防守薄弱的华沙前安营扎寨。普军的战术是按部就班地围攻华沙。这时，普军和俄军都没有攻城大炮，直到7月28日，炮兵连才准备就绪，开始轰炸华沙。与此同时，普军轻而易举地占领克拉科夫，获得了觊觎已久的克拉科夫和桑多米尔等地。卢凯塞将军向腓特烈·威廉二世建议道："占领你能占领的任何地方，控制维斯瓦河航道，以便你不想要时抛弃其中某个地方。"他再次催促腓特烈·威廉二世在轰炸华沙后立即发动进攻。然而，他的建议却遭到其他人的反对，他们担心如果得不到其他方面的支持，进攻行动或许会使普军陷入险境。要想制约俄军，保持普军的完整是不可或缺的。如果普军向即将属于它的华沙发起血腥的复仇，这是有违人道的。

此时，卢凯塞将军又催促腓特烈·威廉二世与法国和解。他说："如果将比利时留给法国，法国就会同意放弃其在德意志占领的任何领土。这样一来，陛下的名誉将得到维护。通过这种方式解决比利时的归属问题后，海因里希·冯·莫伦道夫将军的大军将成为瓜分波兰的有力筹码。”然而，腓特烈·威廉二世拒绝与国民公会中的“恶棍和流氓”谈判。卢凯塞将军认为他甚至不会反对与罗伯斯庇尔（Robespierre）这样的人协商①。

围困华沙的时间延长了。虽然波兰人存在内讧，但此时他们却齐心协力，意志坚定地坚守着华沙脆弱的防御工事。随着战事的推移，

参加华沙起义的波军。绘者信息不详

① 艾伯特·索雷尔：《欧洲与法国革命》，第4卷，第96页。——原注

进攻的难度非但没有逐步减小反倒变得越来越大。8月末，普军攻克了华沙的几个前哨站，击退了一支突围的波军，这使腓特烈·威廉二世大受鼓舞。最终，他决定在9月1日全面进攻华沙。然而，就在他准备发动进攻的前一天，圣彼得堡传来消息，叶卡捷琳娜大帝坚决支持费尔森将军提出的反对现在进攻华沙的意见。因此，腓特烈·威廉二世担心如果进攻华沙，普军就不会得到俄军的支持，于是他放弃了攻城的计划。遗憾的是，卢凯塞将军此时已经回到维也纳的岗位上，而不是在腓特烈·威廉二世的身边，所以没人敦促他按照原计划攻城。随着波兰起义蔓延至波兹南，腓特烈·威廉二世惊慌不安了，他害怕普军会两面受敌。他认为，武力镇压华沙起义不是熄灭波兹南或者其他地方起义之火的最好方式，于是，他决定放弃普军在华沙前的有利位置。

9月5日，华沙战役达到白热化，然而，就在这个关键时刻，腓特烈·威廉二世却做出了一个令普鲁士蒙羞的决定——在波兰起义军面前，他竟然令普军撤到波兹南。几天后，他离开普军，回到柏林。此时，他的身体状况很糟，脾气变得非常暴躁。在军事史上，一场重大的作战行动的失败由统帅的目标不明确、决心不坚定导致，从未有过像腓特烈·威廉二世这般突出的例子。

普军从华沙的撤退与普军在瓦米密战役大败后从法国撤退的情形很像。撤退途中，所经之地，普军烧杀抢夺，致使生灵涂炭。在费尔森将军的指挥下，俄军也撤离了，计划与亚历山大·瓦西里耶维奇·苏沃罗夫部会师，但未与普军一起撤离。普军肯定不知道它的盟军的撤离路线。9月1日，亚历山大·瓦西里耶维奇·苏沃罗夫的大军已经逼近波兰边境。如果腓特烈·威廉二世在华沙前再坚持几天，就会等来俄国的援军，从而免遭在波兰起义军面前撤退的耻辱和难堪。

9月15日，亚历山大·瓦西里耶维奇·苏沃罗夫率八千俄军，历时三周，行军三百七十英里，抵达立陶宛布格河岸边的布列斯特（Brzesc）。亚历山大·瓦西里耶维奇·苏沃罗夫是当时俄国杰出的、富有创新精神的将军之一。他出身高贵，因讨厌法律职业，便应征入伍。亚历山大·瓦西里耶维奇·苏沃罗夫的升迁之路非常缓慢，从一个普通的士兵做起，历经列兵、下士、中士，十四年后才被提拔为中尉副官。他一生都保留着在练兵场养成的习惯和说话方式。他具有英雄皆备的品质，但在某种程度上他有点儿像江湖骗子、狂热分子和神秘主义者。他假装鄙视战争规律和科学，但在实际中又潜心研究战争的历史和原则。他拥有作为一名将军应该具备的两个了不起的品质：一是备战时期的无限的耐心和谨慎；二是进攻时期非比寻常的活力和执着。他能激发士兵的战斗激情；他带兵打仗，缴获战利品，鲜有败绩；率军进攻或者反击时，他从来都是全力以赴，毫不退缩。为胜利而战的决心一下，他就无所顾忌，奋不顾身。作战中占据上风、取得胜利时，他能不失时机地乘胜追击，带着无情的怒火，摧枯拉朽，直到消灭最后一支敌军才罢休。他大胆地袭击了土耳其的伊斯梅尔（Ismail），然后杀战俘、屠平民。他的心狠手辣使欧洲人惊讶，使他的宿敌恐慌。而此前俄军其他将领都没能攻克这座城池。他是士兵们崇拜的偶像。他喜欢与士兵们开玩笑。士兵们对他心存感激，因为他改善了他们的伙食和穿戴。他的这种与兵为善的行为与其他习惯克扣兵饷的俄军将领形成强烈的对比。“禁止打迂回战，禁止开火。拿着冰冷的武器向前冲！俘虏所有人！杀死所有人！”这是他的进攻口号。俄军的英勇、决心和自信与普鲁士国王腓特烈·威廉二世的犹豫不决恰恰相反。

亚历山大·瓦西里耶维奇·苏沃罗夫率俄军抵达布列斯特的两天内，击败了一万波军。塔德乌什·科希秋什科听闻这一消息后，召回了追击普军的扬·亨里克·东布罗夫斯基[①]将军，而他则率军八千出发，去与亚历山大·瓦西里耶维奇·苏沃罗夫的俄军交战。然而，当听说费尔森将军的俄军已至他的侧翼，并将该部误认为俄国援军时，塔德乌什·科希秋什科便改变了行军路线，希望在亚历山大·瓦西里耶维奇·苏沃罗夫部到达前消灭费尔森将军部。实际上，俄军人数远比波军多。10 月 9 日，费尔森将军部在马切伊维斯（Maciejowice）攻打塔德乌什·科希秋什科部[②]。虽然波军将领率一半由农民组成的军队英勇抵抗，但最终寡不敌众，一败涂地。塔德乌什·科希秋什科的八千波军只有两千幸存，返回华沙。为了胜利，塔德乌什·科希秋什科勇敢无畏，拼死搏斗。战斗期间，他的三匹战马死亡，他身负重伤，最后沦为俄军的阶下囚。有人说他在被捕前喊道："波兰完了！"这不是事实，但这句话恰当地描述了波兰战败、波军将领被俘对波兰造成的影响。波兰人民的"撒迪厄斯之父"战败和被捕使他们深感沮丧。大部分农民扔掉镰刀，四处逃散。

此时，扬·亨里克·东布罗夫斯基将军率部成功撤至华沙。另外一支波军在前往华沙途中，遇到亚历山大·瓦西里耶维奇·苏沃

① 扬·亨里克·东布罗夫斯基（Jan Henryk Dąbrowski，1755—1818），波兰政治家、爱国者、民族英雄。1771 年，他在萨克森军服役，开始了军事生涯。1792 年，第二次瓜分波兰前不久，他加入波军；1794 年，在科希秋什科领导的起义中，他晋升为将军。波兰遭受第三次瓜分后，他投身于波兰的独立事业。1797 年，他在意大利组织波兰军团（归法军指挥）。1801 年，在拿破仑征服意大利的战争中，波兰军团表现突出。1809 年，他率军在加里西亚抵抗奥军。1813 年，他率领波军参加莱比锡战役。1815 年，他升任波兰骑兵统帅，并获得白鹰勋章。波兰国歌就是他在意大利指挥的波兰军团的军歌。——译者注

② 史称"马切伊维斯战役"。——译者注

扬·亨里克·东布罗夫斯基将军。绘者信息不详

罗夫率领的俄军。经过激战，波军大败。战后，亚历山大·瓦西里耶维奇·苏沃罗夫将军立即给普鲁士的什未林（Schwerin）将军写信。他说："几天后，一旦德费尔当（Derfelden）与我会合，我将坚定地进击普拉加[①]。华沙将不复存在。只要波兰起义军出现在维斯瓦河畔，就意味着灭亡。我的目标是，在叶卡捷琳娜女皇的强大意志之下，使华沙屈服。"

正是本着这种精神，亚历山大·瓦西里耶维奇·苏沃罗夫不达目的誓不罢休。什未林将军拒绝或者忽视了与亚历山大·瓦西里耶维奇·苏沃罗夫的会合。11 月 1 日，德费尔当将军率两万两千俄军与亚历山大·瓦西里耶维奇·苏沃罗夫会合。两天后，俄军进至普拉加。普拉加与华沙隔维斯瓦河相望。11 月 2 日，亚历山大·瓦西里耶维奇·苏沃罗夫决定进攻华沙。这次战役的胜利必然赋予他统治华沙的权力。

波军的战败重挫了波兰人民的信心。马克罗柯夫斯基（Markrokowski）将军继塔德乌什·科希秋什科之后任波军统帅。在绝望中，他放弃了指挥。扬·亨里克·东布罗夫斯基和安东尼·马达林斯基将军在这场注定失败的战役中，进行了英勇的抵抗。八千训练有素的士兵、一千八百名来自郊区的志愿者和两千华沙市民坚守普拉加。11 月 4 日凌晨 3 时，亚历山大·瓦西里耶维奇·苏沃罗夫调集三个炮兵营，共八十门炮轰击华沙。普拉加守军认为这只是俄军的常规轰炸，根本没有注意到夜幕下悄悄逼近的俄军。破晓时分，俄军七个纵队进攻华沙。"记住华沙！"这句话是俄军曾

① 普拉加（Praga）位于华沙近郊，是护卫华沙的重镇。俄军与波军曾在此爆发激战，史称"普拉加战役"。——译者注

经损失惨重、被迫从华沙撤退时喊出的战斗口号。上午 9 时，俄军击败了波兰所有抵抗力量，占领了普拉加。接着，与土耳其的伊斯梅尔相似的场景重现了——俄军残忍地屠城。普拉加城里所有波兰人，不管是将士、市民还是妇孺悉数被杀。参加战斗的一万波兰人死去，其中两千波兰人是被逼跳入维斯瓦河淹死的，而俄军仅损失了一千四百人。据说，看到血流成河的可怕场景时，亚历山大·瓦西里耶维奇·苏沃罗夫也为之动容。然而，他压制住了感情，因为那天很晚他才试图制止俄军的疯狂行为。他向普拉加为数不多的波兰幸存者们许诺，如果他们放下武器，便会赋予他们自由，确保他们生命和财产的安全。同样的条件也曾向华沙的波兰市民许诺过。11 月 7 日，普拉加投降。十天时间足以让俄军解除波兰剩余兵力的武装了。指挥普拉加保卫战的扬·亨里克·东布罗夫斯基将军、安东尼·马达林斯基将军、伊格内修斯·波托茨基（Ignacius Potocki）将军以及其他波兰爱国将领被遣送至圣彼得堡，像塔德乌什·科希秋什科那样遭到囚禁。

腓特烈·威廉二世在柏林获悉俄军占领华沙城，并在事实上镇压了波兰起义时，立即令驻普属波兰的两万普军返回莱茵河。他似乎再次考虑积极地投入名义上仍在进行的普法战争，因为这时他已经收取英国支付的反法作战的援助资金。他或许希望通过这种方式恢复他在波兰丧失的荣誉。然而，对这位摇摆不定、犹豫不决的国王而言，这个想法只是他脑海中一闪而过的战争“火焰”罢了。在柏林，腓特烈·威廉二世的所有政治和军事顾问都反对他的提议。他们都仇恨奥地利，想劝腓特烈·威廉二世与法国和解。但腓特烈·威廉二世执意延长战争。为了打消腓特烈·威廉二世的执念，大臣们向腓特烈大帝之弟腓特烈·亨利·路易亲王求助。腓特烈·亨利·

波军与俄军在普拉加激战。绘者信息不详

攻陷普拉加后，俄军展开疯狂的大屠杀。亚历山大·奥罗维斯基（Aleksander Orłowski，1777—1832）绘

路易亲王是腓特烈二世较信赖的顾问，德高望重，影响力很大。他非常敌视奥地利，视普法战争为普鲁士的自杀行为，因为这只会让普鲁士的凶狠对手——奥地利获益。在腓特烈·亨利·路易亲王的劝说下，腓特烈·威廉二世放弃了他的执念，令利奥波德·海因里希·冯·戈尔茨与法国代表弗朗西斯·巴泰勒米秘密协商普法和解的事宜。

第十二章
CHAPTER

第三次瓜分波兰（1795年）

精彩看点

叶卡捷琳娜大帝称波兰的命运必须由它的三个强邻来决定—特温恩伯爵赴圣彼得堡谈判—普鲁士设计的瓜分波兰的计划只与俄国有关—特温恩伯爵秘密地拜见祖博夫—祖博夫拒绝了特温恩伯爵的计划—叶卡捷琳娜大帝对奥地利与普鲁士的态度—冯·图古特的观点—叶卡捷琳娜大帝基本上支持弗朗茨二世的立场—布格河必须成为俄国与奥地利的边界—巴伐利亚交换计划再次被提了出来—叶卡捷琳娜大帝正式回复特温恩伯爵的提议—圣彼得堡会议无果而终—伊凡·奥斯特曼的建议—叶卡捷琳娜大帝和弗朗茨二世签署瓜分波兰的条约—伊凡·奥斯特曼的设想与警告—《普法和约》—叶卡捷琳娜大帝派密使游说腓特烈·威廉二世放弃与法国和解的计划—普鲁士最好让步—俄国、普鲁士和奥地利达成的瓜分条约中的秘密条款—斯坦尼斯洛斯二世退位—三次瓜分波兰一定是历史上最丑恶的交易之一—波兰灭亡的原因在狡猾而精明的叶卡捷琳娜大帝面前，波兰再次屈服，唯叶卡捷琳娜大帝之命是从。叶卡捷琳娜大帝用计完全战胜了犹豫不决的腓特烈·威廉二世。当驻波俄军战败、被迫撤离华沙，并且亚历山大·瓦西里耶维奇·苏沃罗夫的援军距离较远、不能即至华沙的关键时刻，她充分利用了腓特烈·威廉二世和他的军队。腓特烈·威廉二世第一次击败波军、围困华沙后，她说服腓特烈·威廉二世不要贸然进攻华沙，直到亚历山大·瓦西里耶维奇·苏沃罗夫的援军赶到，取代普军的有利位置。虽然在波兰的俄军少于普军，但在进攻、镇压波兰起义军的过程中，俄军却起到了主要作用。在没有普军援助的情况下，俄军集中优势兵力，攻克了腓特烈·威廉二世未能占领的华沙。于是，在现在进行的瓜分波兰的政治游戏中，叶卡捷琳娜大帝掌握了主动权。腓特烈·威廉二世能力欠缺，决心不足，扔掉了“王牌”，只保留了一张有价值的“牌”——克拉科夫。

镇压波兰起义军数周前，叶卡捷琳娜大帝对未来满怀信心，开始准备与两个德意志国家商谈瓜分波兰剩余领土的事宜。7 月 23 日，她给腓特烈·威廉二世和弗朗茨二世写信，称波兰的命运必须由它的三个强邻俄国、普鲁士和奥地利通过协商的方式来决定。

腓特烈·威廉二世响应叶卡捷琳娜大帝的建议，命特温恩

（Towenzein）伯爵为大使赴圣彼得堡谈判。腓特烈·威廉二世给特温恩伯爵的指示如下：第一，接下来的瓜分波兰的行动必须在比前两次更公正、更合理的条件下进行。第二，接下来的瓜分波兰的行动中，奥地利肯定会更积极；奥军放弃对比利时的军事行动后，奥地利与法国和解的进程将加快，并从波兰寻求反法战争的补偿；虽然弗朗茨二世已派一个军团抵达卢布林，但奥地利在波兰获得的战争补偿要求不能同普鲁士相比，因为普军已经全部投入波兰。第三，特温恩伯爵作为普鲁士代表，在接下来有关瓜分波兰的协商中，应为普鲁士争取到西里西亚、西普鲁士和维斯瓦河之间的所有波兰领土。在协商中，特温恩应建议在俄国、普鲁士之间的狭长地带成立一个中立的公国，由叶卡捷琳娜大帝的情夫祖博夫统治，条件是祖博夫答应普鲁士在普奥对抗中支持普鲁士，并利用祖博夫的影响，为普鲁士争取波罗的海和库兰之间的领土和其他一些特权。特温恩还应建议再成立一个类似的公国，由俄国驻柏林大使拿骚－锡根统治。换句话说，祖博夫和拿骚－锡根这两个重要人物，一个能对叶卡捷琳娜大帝产生重要的影响，而另一个代表叶卡捷琳娜大帝进行瓜分谈判。通过贿赂，他们都能为普鲁士所用。

正如1793年瓜分波兰时一样，普鲁士设计的瓜分波兰的计划只与俄国有关，再次排除了奥地利。腓特烈·威廉二世给特温恩伯爵的指示是在他率普军抵达华沙前下达的，那时他仍然指望普军占领华沙。

叶卡捷琳娜大帝一点儿也不急着接见特温恩伯爵。她既满怀希望，又保持耐心，不温不火地等了几周。毫无疑问，亚历山大·瓦西里耶维奇·苏沃罗夫的援军到达波兰后，她的处境大大改善了。与此同时，她令费尔森将军劝说腓特烈·威廉二世不要进攻华沙。

后来，获悉腓特烈·威廉二世和他的普军从华沙撤离的消息时，她大喜过望，然后幸灾乐祸、满面笑容地接见了特温恩伯爵，但就特温恩伯爵提出的有关普鲁士对俄国与普鲁士共同瓜分波兰的建议，她没有给予任何回复。

随后，特温恩伯爵秘密地拜见了祖博夫，详述了普鲁士瓜分波兰的计划，并将请他统治从波兰分出的公国的计划相告。然而，令特温恩伯爵惊讶的是，祖博夫竟然拒绝了这个计划。祖博夫宣称他没有资格拥有如此崇高的地位，而且表示成立这样的公国是不现实的。祖博夫是臭名昭著的唯利是图者，但或许因为他对斯坦尼斯洛斯二世不幸的例子铭记于心，所以宁愿成为皇室亲密的一员，也不愿意接受遥远而风雨飘摇的封邑。

祖博夫详细地向特温恩伯爵表达了他对普鲁士提出的瓜分波兰计划主要部分的看法。他认为，奖励、补偿奥地利为反法战争付出的努力是有必要的，该补偿只能从波兰获得。他希望普鲁士正同法国协商和解的报告不是事实，因为从某种意义上说，再没有任何能像普鲁士背叛 1791 年《俄普协约》那样伤害叶卡捷琳娜大帝的事情了。特温恩伯爵宣称，这种报告纯属无稽之谈，尽管他知道此刻普鲁士的所有政治家和将军正竭尽所能地劝说他们的主人接受同法国和解的建议。

实际上，叶卡捷琳娜大帝此时已经下定决心，在接下来的瓜分波兰的行动中支持奥地利。虽然俄国从前将奥地利排除在瓜分波兰之外，并与普鲁士秘密地达成了瓜分波兰的协定，但现在她将普鲁士和奥地利的位置颠倒过来，准备与弗朗茨二世签署条约，送给奥地利大大的瓜分份额。叶卡捷琳娜大帝没有排除普鲁士，而是拒绝了普鲁士在瓜分波兰中过分的要求。

9 月 11 日，冯·图古特似乎在同一时间命令奥地利驻圣彼得堡大使菲利普·冯·科本茨尔与叶卡捷琳娜大帝交流瓜分波兰事宜。冯·图古特说："波兰被瓜分总是令奥地利痛惜，因为这将损害奥地利的利益。但如果瓜分不可避免，那么为了捍卫自己的利益，奥地利必然会索要瓜分份额。这样一来，在被背信弃义的普鲁士人面前，奥地利或许不会大跌眼镜。"[①]

详细论述了普鲁士贪得无厌的要求和全然无视公平的本性后，冯·图古特继续说道，弗朗茨二世或许仍然想要其他补偿，而补偿份额应该与俄国和普鲁士在 1793 年第二次瓜分波兰中获得的份额相当。弗朗茨二世的其他补偿或许可以从法国获得，或者可以从波兰另外一部分领土获得。他打算为奥地利争取加利西亚北的波兰领土，包括克拉科夫和桑多米尔在内。他进一步打算从威尼西亚获得补偿，也就是获得奥地利从前拥有的那部分领土。做出以上陈述后，冯·图古特向菲利普·冯·科本茨尔暗示道：俄国占领波兰的领土越多，剩给普鲁士的领土就越少，而弗朗茨二世就越满意。事实上，如果按照冯·图古特的计划来瓜分波兰，普鲁士将得不到任何好处。

在俄国、普鲁士与奥地利代表瓜分波兰的争论中，叶卡捷琳娜大帝基本上支持弗朗茨二世的立场。然而，她没有按照奥地利期待的那样拒绝普鲁士的要求。她认为，将普鲁士逼入绝境是不明智的。9 月 30 日，她决定，奥地利获得波兰南部的领土，即克拉科夫、桑多米尔、卢布林和海乌姆（Chelm）的部分地区；维斯瓦河和布格河将来应成为俄国的边界；包括华沙和普拉加在内的剩余波兰领土应归普鲁士所有。与此同时，她对奥地利除波兰以外其他领土的要

① 海因里希·冯·西贝尔：《法国大革命史》，第 4 卷，第 165 页。——原注

求一律慷慨地答应了。

叶卡捷琳娜大帝对奥地利大使说："奥地利占领法国一半的领土，占领威尼西亚，占领土耳其的土地，我们毫不反对，但波兰的布格河必须成为俄国与奥地利的边界。"①

在与英国的谈判中，虽然弗兰茨二世否认了巴伐利亚交换计划，但在俄国、普鲁士和奥地利瓜分波兰的讨论会上，巴伐利亚交换计划再次被提了出来。维特尔斯巴赫（Wittelsbach）家族选帝候下一位继承人和巴伐利亚人民强烈反对奥地利的交换计划，但年逾古稀的巴伐利亚选帝侯查理·西奥多（Charles Theodore）好像非常急切地迎娶奥地利女大公玛丽亚·利奥珀尔丁（Maria Leopoldine），所以此时他非常赞同巴伐利亚交换计划。一方面，俄国非常愿意承认奥地利作为 1793 年瓜分波兰条约的缔约国，这实际上认可了奥地利的巴伐利亚交换计划。另一方面，叶卡捷琳娜大帝要求弗朗茨二世在将来的俄土战争中，奥地利应向俄国提供援助。经过多方面考虑，冯·图古特准备承认俄国对沃利西亚地区的主权，只要求在瓜分波兰中，奥地利获得波兰南部的领土。

10 月 30 日，叶卡捷琳娜大帝正式回复了特温恩伯爵提出的建议。她认为，瓜分波兰一刻也不能拖延，瓜分协定一定要避免忌妒在参与瓜分的三国中产生。她说，她支持奥地利要求获得保护加利西亚不可或缺的屏障——克拉科夫和桑多米尔，绝不同意普鲁士占领这些地区。因此，叶卡捷琳娜大帝要求普鲁士从这些地区撤军。她还说，对她而言，她希望划定清晰的边界，从而保持三国的友好关系。她要求获得维斯瓦河和布格河以北的波兰领土。实际上，她承认了

① 海因里希·冯·西贝尔：《法国大革命史》，第 4 卷，第 167 页。——原注

巴伐利亚选帝侯查理·西奥多。约翰·格奥尔格·泽斯尼茨（Johann Georg Ziesenis，1716—1776）绘

奥地利女大公玛丽亚·利奥珀尔丁。莫里茨·科勒霍温（Moritz Kellerhoven，1758—1830）绘

普鲁士对华沙和维斯瓦河以南波兰领土的权利，但拒绝普鲁士获得克拉科夫和桑多米尔地区。

叶卡捷琳娜大帝已经决定，在普奥这两个德意志国家中，选择支持奥地利。大约就在此时，各种消息传到了俄国，包括英国和普鲁士违反《海牙条约》、英国停止向普鲁士提供援助资金以及腓特烈·威廉二世命海因里希·冯·莫伦道夫率普军从莱茵河撤离。这些消息引发了叶卡捷琳娜大帝讽刺性的评论。叶卡捷琳娜大帝的首相伊凡·奥斯特曼（Ivan Osterman）对特温恩伯爵说：“女皇认为，在反法战争中，普鲁士能赢得声誉。普鲁士不应该对英国的援助资金表现出依赖。女皇意识到，没有将俄军交给如此不和谐联盟的调遣是多么明智。”有关这些消息，伊凡·奥斯特曼发表了他自己的看法，他说：“普鲁士人已经忘记从1793年瓜分条约中获得的利益；他们希望忽略这样的事实，即南普鲁士[①]幅员辽阔，足以作为四场甚至五场战役的补偿，而不是一场战役的补偿。普鲁士人肆无忌惮地无视他们签订的条约，而在条约中他们承诺继续参加反法战争，直到法国革命被镇压。”

与此同时，腓特烈·威廉二世回复了叶卡捷琳娜大帝，仍坚持要求获得克拉科夫。他说，如果叶卡捷琳娜大帝拒绝他的要求，那么他宁愿继续保留1793年瓜分波兰的条约，也不肯对波兰进行任何新的瓜分。这时，三国代表在圣彼得堡召开了会议。俄国、奥地利

① 1793至1807年，南普鲁士（South Prussia）是普鲁士王国的一个省。该省是1793年第二次瓜分波兰中普鲁士吞并的领土，包括波兹南，卡利什，大波兰的格涅兹诺、谢拉兹、列契察以及布列斯特的库亚维和东布兹地，毗邻普沃茨克和拉瓦；1793至1795年，该省的首府是波兹南；1795至1806年，该省的首府为华沙。根据1807年《提尔西特条约》，南普鲁士成为华沙公国的一部分。1815年维也纳会议后，南普鲁士分别并入普鲁士的波兹南大公国和俄属波兰。——译者注

和普鲁士的参会代表分别为伊凡·奥斯特曼、菲利普·冯·科本茨尔和特温恩伯爵。会议公开讨论的议题就是瓜分波兰。特温恩伯爵的瓜分计划遭到伊凡·奥斯特曼和菲利普·冯·科本茨尔的强烈反对，因为他不愿意让出普鲁士已经实际占领的克拉科夫。最后，特温恩说道："除非克拉科夫归普鲁士所有，否则瓜分将不可能实现，只能让波兰保留最后一次瓜分后的现状。"

伊凡·奥斯特曼和菲利普·冯·科本茨尔强烈反对他的观点。伊凡·奥斯特曼说："三国都承认瓜分波兰对保持势力均衡的必要性。普鲁士是第一个提出瓜分波兰议题的国家，并认为瓜分波兰在所难免，也非常有必要。"他接着说道："波兰灭亡了，将永远消亡，消亡的国家不会死而复生。"

菲利普·冯·科本茨尔对伊凡·奥斯特曼说："既然我们在各方面的观点一致，就让我们拟定条约并签署吧！如果普鲁士不愿意加入，非常好；没有普鲁士，我们依然可以瓜分波兰。"特温恩伯爵极愤怒地表示抗议。在公开的冲突下，瓜分波兰议题的讨论会不欢而散①。

这次会议无果而终后，叶卡捷琳娜大帝决定采取伊凡·奥斯特曼的建议，也就是在未得到普鲁士同意的情况下，与奥地利签署条约。于是，她只向奥地利发出签署条约的邀请。经过进一步讨论后，1795 年 1 月 3 日，俄国与奥地利的代表签订了条约。它们签订的第一份条约只与波兰有关。该条约的序文这样写道："俄国通过武力征服了波兰，使波兰完全附属俄国。女皇决定要与盟友对波兰进行一次彻底的瓜分。波兰已经彻底失去根据法律建立使自己和平生存

① 海因里希·冯·西贝尔：《法国大革命史》，第 4 卷，第 174 页。——原注

或者拥有独立自主权利的政府的能力了。”根据该条约，俄国将占领维斯瓦河、布格河和帕利科河（Pelica）之间的所有波兰领土，人口约两百万；奥地利将获得波兰南部的四个地区，人口约一百万；如果普鲁士还愿意参加瓜分，将获得包括华沙在内的剩余波兰领土，人口约九十万。考虑各国想要获得的领土不同，三国中的任何一国都须保证其他两国将来对各自领土的主权。一旦普鲁士宣布支持瓜分条约，普鲁士便能得到分给它的领土，其他两国同样保证普鲁士的领土权益。

在第二份条约中，弗朗茨二世同意成为俄国与普鲁士 1793 年瓜分条约的缔约国。依照该条约，奥地利用比利时交换巴伐利亚的要求获得认可。俄国与奥地利互相保证，如果两国中的任何一方受到普鲁士的攻击，另一方应向对方提供全力支援。弗朗茨二世承诺，一旦俄国与土耳其开战，奥地利将与俄国合作，履行叶卡捷琳娜和约瑟夫二世在 1782 年签署的条约规定的义务，特别是保证支持俄国建立摩尔达维亚、瓦拉吉亚和比萨拉比亚等独立的公国。如果这种情况发生，按照俄国对约瑟夫二世的承诺，奥地利将获得土耳其的一个省。即使奥地利不能从法国获得反法战争的补偿，也将获得其他补偿。俄国承认奥地利君主获得通过不正当手段占领的威尼斯共和国（Republic of Venice）的领土。以上两个条约的内容明显对普鲁士充满敌意，因此，俄国与奥地利背着普鲁士秘密地签署了这两个条约。

叶卡捷琳娜大帝和弗朗茨二世签署条约后，就能蔑视甚至鄙弃腓特烈·威廉二世了。在发给普鲁士的一份公函中，伊凡·奥斯特曼用粗俗的语言傲慢地说：听说腓特烈·威廉二世建议保留现存的波兰后，叶卡捷琳娜大帝深感惊讶，这或许是腓特烈·威廉二世非常想实现的愿望之一，但实现这个愿望的希望渺茫。伊凡·奥斯特曼用波兰最近爆发的起义证明了瓜分波兰的必要性，因为波兰起义对波兰邻国的安全构成了威胁。他对比了不同国家对波兰领土的要求，认为奥地利对波兰的瓜分要求适度。提到俄国有权获得瓜分波兰的最大份额时，伊凡·奥斯特曼说道：

> 我们或许可以大胆断言，叶卡捷琳娜大帝获得瓜分波兰的权力，不是一努力就完成的，不是机缘巧合造成的，而是她苦心经营三十年、付出巨大的努力后获得的。与这些努力相比，我们可以肯定，奥地利和普鲁士在波兰已经得到和即将收获的所有利益，都是不劳而获的礼物。

伊凡·奥斯特曼在公函的末尾对将来提出了设想：

> 普鲁士应该考虑通过欣然同意和完全顺从的方式，来加强与俄国的盟友关系。这样一来，普鲁士才能获得比靠近边境领土更大的好处。虽然据说最近普鲁士与法国打算和解的想法至今也没有结果，但普鲁士同俄国交好的路线对整个欧洲无疑会产生很大的影响[①]。

伊凡·奥斯特曼的公函中的严正警告丝毫没有提到俄国与奥地利签署的条约，但腓特烈·威廉二世心知肚明，俄国与奥地利实际上已经在联手对付他。因此，这封公函的效果是促使腓特烈·威廉

① 海因里希·冯·西贝尔：《法国大革命史》，第 4 卷，第 178 页。——原注

二世相信，普鲁士真正的利益系于尽快与法国和解。1795 年 1 月 28 日，腓特烈·威廉二世明确命令利奥波德·海因里希·冯·戈尔茨与正在巴塞尔（Basle）的弗朗西斯·巴泰勒米达成《普法和约》。经过漫长而艰苦的谈判后，1795 年 4 月 5 日，普鲁士代表卡尔·奥古斯都·冯·哈登贝格（Karl August von Hardenberg）在巴塞尔与法国代表弗朗西斯·巴泰勒米签订《普法和约》①。实际上，根据该条约，普鲁士向法国让出了莱茵河左岸的既占土地，放弃这片领土的权利，而法国则放弃了莱茵河右岸的既占土地。于是，普鲁士彻底退出了反法联盟。在接下来的十年中，普鲁士远离英国和奥地利的反法战争。

获悉腓特烈·威廉二世向他的大臣做出让步、积极与法国和解的消息时，叶卡捷琳娜大帝勃然大怒。她派一名密使去游说腓特烈·威廉二世放弃与法国和解的计划。此外，她亲自给布伦瑞克公爵查理·威廉·斐迪南写信，请他利用对腓特烈·威廉二世的影响，引导腓特烈·威廉二世不要轻信"围绕在他身边的不忠的大臣们"，说服腓特烈·威廉二世终止与弑君者和谈的计划，并依照俄国与普鲁士从前签署的条约，继续对法作战，反对法国革命②。

密使和叶卡捷琳娜大帝的亲笔信抵达普鲁士时已经太晚。抵达柏林后，密使得到的第一条消息便是普鲁士已经与法国签署和约。普鲁士的大臣和将军们兴高采烈，而叶卡捷琳娜大帝指望的布伦瑞克公爵也欣喜若狂。获悉腓特烈·威廉二世违反《俄普条约》与法国签署和约时，叶卡捷琳娜大帝感到怒不可遏。弗朗茨二世也勃然

① 《普法和约》，亦称《巴塞尔和约》（Peace of Basel）。——译者注

② 海因里希·冯·西贝尔，《法国大革命史》，第 4 卷，第 290 页。——原注

卡尔·奥古斯都·冯·哈登贝格。他代表普鲁士签订《普法和约》，这标志着普鲁士退出反法战争。弗雷德里希·格奥尔格·威斯克（Friedrich Georg Weitsch，1758—1828）绘

大怒。于是，叶卡捷琳娜大帝与弗朗西斯二世决定逼迫腓特烈·威廉二世同意解决波兰问题的方案，以及将普鲁士军队从克拉科夫赶走。1795 年 7 月 6 日，菲利普·冯·科本茨尔给冯·图古特写信，告知他如果有必要，俄国将诉诸武力，并寻求与奥地利的合作来实现俄奥两国君主的意愿。弗朗茨二世同意，为实现既定目标，奥地利将在波西米亚北部边境集结八万大军。叶卡捷琳娜大帝做好充足的准备，增加了驻波俄军的兵力。冯·图古特命奥地利驻柏林大使与俄国大使一起告知普鲁士政府，1795 年 1 月 3 日俄国与奥地利签订的两份条约的内容，而两位大使此前对两份条约的内容也一概不知。两国大使要求普鲁士政府在同意和反对两份条约中选择其一。

普鲁士的大臣们将普鲁士带到了战争的边缘。面对俄国与奥地利的表里不一，虽然他们怒不可遏，但还是认为普鲁士最好让步。他们向腓特烈·威廉二世建议，除了立即顺从俄国和奥地利的要求外别无选择。为了获得克拉科夫的部分领土以及维斯瓦河和布格河之间的一小片领土，普鲁士做了进一步努力。磋商的过程中，伊凡·奥斯特曼说，如果普鲁士袭击奥地利，俄国将全力支援奥地利，到那时，奥地利将立刻与法国和解，而它的所有军队都会开往波兰。

9 月 3 日，最后一次关于瓜分波兰议题的会议在圣彼得堡召开。在会议上，奥地利同意放弃维斯瓦河和布格河之间的一小片领土，但在克拉科夫方面拒绝做出任何让步。特温恩伯爵再次提出抗议，说普鲁士宁愿回到 1793 年划定的边界，等待新一轮瓜分将在波兰引发的动乱。但这种说法只是虚张声势。1795 年 10 月 29 日，特温恩伯爵奉命代表腓特烈·威廉二世在 1795 年 1 月 3 日俄国与奥地利签署的瓜分波兰的条约上签字。腓特烈·威廉二世令普军撤离克拉科夫和桑多米尔，将它们让给奥地利，而俄军撤离华沙，由普军接管。

透过俄国、普鲁士和奥地利达成的瓜分条约中的秘密条款可以看出，参加瓜分的三个国家认识到废除一切能够唤起波兰王国存在记忆的必要性；它们保证，各自瓜分到的领土的名称不会出现与波兰有关的任何字样。为了报答全能的上帝，叶卡捷琳娜大帝令波兰市民前往教堂，公开感谢上帝赐予波兰的恩典。斯坦尼斯洛斯二世现在被允许，或者不如说被勒令退位。1795 年 11 月 25 日，斯坦尼斯洛斯二世签署正式法案，宣布退位。他已经还清在华沙的债务，此外还收到俄国、普鲁士和奥地利支付的巨额养老金。叶卡捷琳娜大帝驾崩后，他一直住在圣彼得堡默默无闻地过完余生①。

俄国、普鲁士和奥地利实施的第三次也是最后一次瓜分波兰就这样结束了，古老的波兰王国遭到了灭顶之灾。俄国成为最大的受益者，获得十八万一千平方英里领土和约六百万人口；奥地利获得四万五千平方英里的领土和三百万人口；普鲁士获得五万七千平方英里领土和两百五十万人口。

三次瓜分波兰一定是历史上最丑恶的交易之一。俄国、普鲁士和奥地利通过不同阶段的瓜分计划，使波兰从国家名单上彻底消失了。

回望这些邪恶行动，普鲁士负主要责任。在过去若干年里，俄国始终是波兰的敌人。叶卡捷琳娜大帝的政策没有什么秘密可言。她执行了彼得大帝的政策。三十年来，她一直致力于吞并或肢解不

① 摘自对俄普奥三国在 1795 年第三次瓜分波兰谈判细节的描述，该内容在海因里希 · 冯 · 西贝尔的《法国大革命史》（第 4 卷，第 151—185 页）和艾伯特 · 索雷尔的《欧洲与法国革命》（第 4 卷，第 186—193 页）中有描述。——原注

晚年的斯坦尼斯洛斯二世。伊丽莎白·维基·勒布伦（Élisabeth Vigée Le Brun，1755—1842）绘于1797年

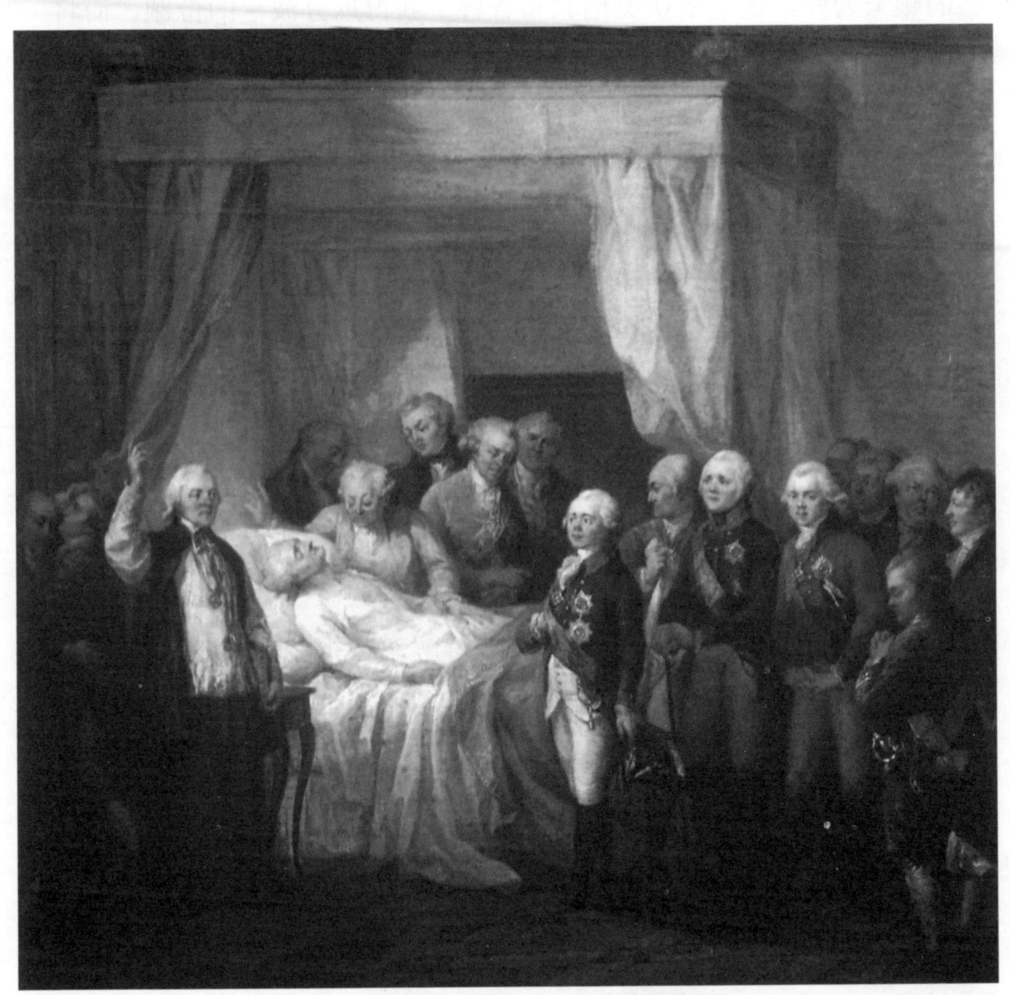

斯坦尼斯洛斯二世在圣彼得堡去世。马尔塞洛·巴恰雷利（Marcello Bacciarelli，1731—1818）绘

幸的邻国。对叶卡捷琳娜大帝而言，她唯一需要考虑的问题是，为了俄国利益，是使波兰沦为虚弱无能的独立国家，同时保留它现存的领土为好，还是承认奥地利和普鲁士获得瓜分波兰的份额，而将波兰大部分领土并入俄国为好。迄今为止，波兰能否存在取决于这样一个事实，即它是俄国、普鲁士和奥地利的缓冲国。俄国提出三国的边界问题不是出于对奥地利和普鲁士利益的考虑。

无论怎样谴责叶卡捷琳娜大帝的行动，我们仍然惊叹、佩服她实现目标时采用的策略。为了腾出余力实现目标，叶卡捷琳娜大帝设计使奥地利和普鲁士卷入反法战争。在这一点上，她表现得多么狡诈！她使普鲁士和奥地利鹬蚌相争，先用波兰这一猎物贿赂普鲁士，后又去贿赂奥地利，她真是足智多谋、雄才大略！

普鲁士的政策与俄国截然不同。可耻的背信弃义、变节、撒谎和欺骗的伎俩贯穿在所有交易的始终，无一例外。普鲁士的手段之卑劣在历史上绝无仅有。在第一次瓜分波兰的过程中，关于腓特烈大帝的背信弃义，还有许多辩解意味很浓的理由。腓特烈大帝将东普鲁士与勃兰登堡以及瓜分到的其他领土区别对待，这对普鲁士获得干预西普鲁士的机会具有非凡的意义，尤其是在西普鲁士有一半的地方住着德意志人的情况下，意义更大。然而，如果腓特烈大帝当时能耐心等待，他很可能有机会通过与波兰签约获得一半西普鲁士；作为对波兰的回报，他将援助波兰、对抗波兰其他仇敌。不过，腓特烈大帝的政策特别令人唾弃的地方是，为了让普鲁士获得相比而言较小的领土，他竟然诱使俄国与奥地利加强对毫无抵御能力的波兰的掠夺。在上文引用的腓特烈大帝写给圣彼得堡大使索尔姆斯男爵的信里，腓特烈大帝承认，说服奥地利参与肢解波兰的主要目的之一是他或许不会遭到公众的普遍憎恨。他很清楚，如果只有普鲁士参加这场瓜分交易，他一定成为众矢之的。在但泽和托伦的归属问题上，他再次向俄国屈服，其原因是他坚信，另外一场交易在不久的将来必然发生。腓特烈大帝聪明过人，肯定觉察到他的计划将成为其他有类似企图的国家的“序曲”，而这必然导致波兰的最终灭亡。

为腓特烈大帝的背信弃义辩解时，辩解人也许还能找出其他借口和理由，但如果为腓特烈大帝的继承人腓特烈·威廉二世的背信弃义辩解，辩解人不可能提出任何辩词。腓特烈·威廉二世引诱波兰退出波俄联盟，支持波兰新宪法，《波普条约》的笔墨未干，他竟然调转矛头，拒绝履行《波普条约》中的所有义务，同意与俄国肢解波兰。他的背信弃义和丑恶行径简直令人发指。腓特烈·威廉二世对英国故技重施，一边收下英国提供的、支持普鲁士进行反法战争的援助资金，一边拒绝履行义务，甚至将英国的援助资金和参加反法战争的普鲁士军队用于瓜分波兰。在第二次瓜分波兰中，腓特烈·威廉二世也对奥地利背信弃义，没有按照承诺使奥地利获得战争补偿。

最好看看爱国的历史学家是怎样论述普鲁士行为的。虽然海因里希·冯·西贝尔实事求是地叙述了普鲁士大多数时期的不光彩行径，并公开承认了普鲁士犯下的背信弃义的过错，但在论述的末尾，他却认为这是正当合理的，并进行了辩解。

叙述完第二次瓜分波兰后，海因里希·冯·西贝尔这样说道：

揭露一个灭亡的国家的弱点似乎太严苛了，但历史的公正性要求我们不应该隐瞒曾经强大的民族在自己头上施加的毁灭的罪行。如果我们被迫将这个国家的命运视为“无常”的杰作，而不是将其视为重大过失的结果，那么这个国家陨落的悲惨场景将远超过我们能够忍受的程度[①]。

随后，海因里希·冯·西贝尔补充道：

作为贵族无限特权产物的波兰无政府状态，通过让贵族遭受他们自私轻浮和无所顾忌的奢侈浪费行为的痛苦，作为对波兰无政府状态的始作俑者的报复……

海因里希·冯·西贝尔继续替普鲁士的行为辩护道：

1793年，柏林宫廷有理由因为目标的实现而感到高兴。这是出于至关重要的自我保护需要而采取的征服行动……从德意志人在边境地区取得的进步和波兰的骚乱状况来看，人们希望新政府能够快速扎根；东方君主制或许在确定的基础上稳固下来。事实上，这些远大的抱负很快就杳无踪影了。古语有云，失败是背叛和谎言必要的赔偿，普鲁士以此为理由践踏了它的盟友的自由。我们或许会被爱国情感所蒙蔽，但无论我们对事件伴随的残忍行为和对现存条约的漠视感到多么深恶痛绝，我们都不能将随后发生的灾难归咎于背叛和欺骗……

毫无疑问，在普鲁士下定决心瓜分波兰时，波兰没有一个党派曾对普鲁士犯过侵略罪行。在对抗波兰方面，普

① 海因里希·冯·西贝尔：《法国大革命史》，第2卷，第405页。——原注

鲁士是一个不折不扣的侵略者，它的侵略行径从来都没有合法的借口。但侵略政策合理、值得甚至完全必要。按照当时的情况，普鲁士便发动了侵略……

万物互相联系。波兰政权深度腐败；普鲁士需要刻不容缓地确保自身的安危；而其他国家存在普遍而迅速的前进步伐。在接下来的危险时刻，指出决议的黑暗面很容易，因为深切同情波兰消亡的命运是人类的责任，但问题依然存在，考虑到奥地利、俄国和法国的态度后，还有什么更好的路线留给普鲁士吗？

仔细斟酌后，我们只能得出这样的结论：在当时的情景下，毫无疑问，占领波兰边境省的决议是唯一不会带来明显灾难的选择。因此，普鲁士采取的路线与普鲁士政府的职责始终如一①。

上述内容谈到两个理由，很好地为普鲁士的行径做了辩解。虽然海因里希·冯·西贝尔承认普鲁士背信弃义，但却认为这是合情合理的。首先，他认为波兰政府腐败不堪，贵族暴政导致波兰受到应有的惩罚。其次，他认为普鲁士是为了自卫，不得已而为之。

关于第一个替普鲁士辩解的理由，海因里希·冯·西贝尔和托马斯·卡莱尔的观点相同，既没有走极端，也没有归因于全能的上帝。有关这一点，我们注意到波兰农民的状况和封建地主对农民的严厉程度，比同时期波兰的许多邻国的情况还要糟，这就足够了。在俄国、波希米亚、匈牙利和大多较小的德意志国家中，种地的农奴的境遇

① 海因里希·冯·西贝尔：《法国大革命史》，第 2 卷，第 421 页。——原注

与波兰的情况相差无几。关于波兰宪法导致的无政府状况，历史学家没有注意到，如果任由波兰自行发展，那么波兰或许将提出弥补无政府状态缺陷的措施。然而，多年以来，阻止波兰改革是俄国和普鲁士的既定政策。1763年，俄国与普鲁士签署条约，动用军队维护波兰宪法，旨在防止波兰发展壮大。关于第二个替普鲁士辩解的理由，唯一需要说明的是，它否认国与国签署的条约中存在譬如正确、公正、荣誉、诚信的原则；国与国之间关系的唯一真正的原则是国家的利益，即使国家利益是暂时存在的。必须承认，很久以前，霍亨索伦家族和他的大臣们就坚持这种处理国与国关系的原则，并经腓特烈大帝和俾斯麦延续至今。

谈到灭亡波兰的第三个瓜分者——奥地利，它的政策的不稳定性留给历史学家深刻的印象。1772年到1795年，二十三年时间里，奥地利有四位君主先后继位，从而导致它推行的政策发生诸多变化。玛丽亚·特蕾莎女皇竭力维持哈布斯堡家族支持波兰的传统政策。然而，在她垂暮之年，大权由她的儿子约瑟夫掌握。约瑟夫违背了她的道德观，使奥地利参与第一次瓜分波兰。历史学家认为，奥地利参加瓜分波兰一定是玛丽亚·特蕾莎女皇的继承人约瑟夫二世所为，因为他一直疯狂地渴望扩大奥地利的版图。几年后，约瑟夫二世之弟利奥波德继位，转而恢复了母亲玛丽亚·特蕾莎女皇的政策，坚决反对进一步瓜分波兰。利奥波德在位仅两年，其子弗朗茨继位，年纪尚轻，经验不足，改变外交政策，投向叶卡捷琳娜大帝的怀抱，希望同她一起瓜分波兰。第二次瓜分波兰时，弗朗茨二世被这位精明的女皇玩弄于股掌之间。然而，受骗却促使他渴望参加第三次也就是最后一次瓜分波兰。弗朗茨二世决心抛弃他的家族的古老同盟，追逐开疆拓土的目标，背信弃义的行为没有限度。在这一点上，弗

弗朗茨二世。他在位期间，适逢第二、第三次瓜分波兰。他抛弃传统的对波政策，积极参与对波兰的瓜分。绘者信息不详

朗茨二世和腓特烈·威廉二世没有什么不同。实际上，两位君主的行事风格非常相似。两者都不具有统帅的才能和政治家的智慧。他们既不自信，也不信任那些为他们的先王谏言献策、经验丰富的官员。他们都深受吉罗拉莫·卢凯西尼和冯·图古特这种既没有道德原则又热衷冒险的人的影响。处理与其他国家的关系时，他们都缺乏道义。尽管他们都是不合格的君主，但在俄国的帮助下，实现了勃勃的野心，通过掠夺安分守己的邻国，普鲁士和奥地利大大地扩张了版图。反观这些内容，我们深感不快。时至今日，这些罪行都没有得到惩罚。波兰人仍然受到他们仇敌的统治。然而，在一个民族的历史中，一百五十年只是一个短暂的存在。对欧洲东南部的一些小民族而言，在外邦残暴统治之下，为了民族复兴，它们已经奋斗了五百多年。如果不能获得独立，很难相信两千万波兰人将无法获得一个完整的存在体。

与此同时，从利己和私心这一狭隘角度看，我们有充足的理由怀疑普鲁士和奥地利破坏它们和俄国之间地理上的缓冲国——波兰——是否是明智之举。对此形成定论为时尚早。然而，我们或许可以确定，在历史的审判前，波兰王国毁灭和领土遭到瓜分是最严重的政治犯罪。在欧洲历史上，这绝无仅有。罪魁祸首是谁呢？追根溯源，我们可以得出这样的结论：在这场犯罪中，普鲁士最言而无信、虚情假意；俄国最阴险狡诈、罪不可恕；奥地利最卑鄙无耻、背信弃义。

第十三章

CHAPTER

拿破仑和华沙公国

精彩看点

叶卡捷琳娜大帝驾崩—保罗一世同情波兰人民—保罗一世赦免塔德乌什·科希秋什科—波兰人民的愤怒没有平息—波兰军团与法军在意大利并肩作战—法国新宪法废除了禁止雇佣外国军团的规定—波兰军团参加镇压海地起义—耶拿－奥厄施泰特战役—拿破仑发布含糊而令人费解的宣言—拿破仑进入华沙—拿破仑率法军在弗里德兰大败俄军—《提尔西特条约》—华沙公国—弗雷德里克大公—拿破仑远征俄国—拿破仑口述的演讲—拿破仑的大军进入立陶宛—约瑟夫·波尼亚托夫斯基—拿破仑败北与华沙公国覆灭—亚历山大一世接待立陶宛代表团

实际上，叶卡捷琳娜大帝已经实现了自己的两个主要目标——灭亡波兰王国和吞并其三分之二的领土，但没过几个月，也就是1796年11月，她便驾崩了[①]。叶卡捷琳娜大帝之子保罗继承皇位，称“保罗一世”。虽然保罗一世不准备停止母亲事业的步伐，但他非常同情波兰人民。他亲自去监狱看望塔德乌什·科希秋什科，拥抱了他，并恢复了他的自由。此外，他还向塔德乌什·科希秋什科提供高薪的俄国公职工作。但这位波兰的爱国将领拒绝了他的好意。保罗一世还释放了许多被叶卡捷琳娜大帝监禁的波兰人。他准许此前被流放西伯利亚的一万两千波兰人重返家园。普鲁士暂时采取仁慈的对波政策，但奥地利却继续在加利西亚地区维持严厉压制波兰人的原有政策。

然而，俄国和普鲁士施舍给波兰人民的迟来的仁慈，并没有平息波兰人民的愤怒；奥地利对波兰人民采取的严厉措施也没有使波兰人民畏怯、退缩。波兰人民仍然满怀复国的希望，期待法国援助。他们提议组建一个波兰军团，去支持法国对抗奥地利。巴黎的督政

① 1797年，俄国、普鲁士和奥地利最终签署瓜分条约，但该条约的内容在叶卡捷琳娜大帝在世时已经通过。——原注

府没有接受波兰人民的提议，因为法律禁止政府雇佣外国军团。当时，意大利人在伦巴第（Lombardy）组建了临时政府。经意大利人同意，波兰军团可以来这里效力，但实际上，这里的意大利军队听从法国将领的指挥。于是，五千名波兰人应征加入波兰军团。波兰军团与法军在意大利并肩作战，参加了许多攻打奥地利军队的艰苦卓绝的战役。

1799年，拿破仑成为执政官。法国新宪法废除了禁止雇佣外国军团的规定。于是，波兰军团直接为法国效力。波兰军团的兵力增

拿破仑成为执政官。奥古斯特·康德（Auguste Couder，1789—1873）绘

加很快。因为军团损失惨重，所以一直有连续不断的新兵加入。波兰军团总是投入到最激烈的战斗中。1801 年，法国和奥地利和解，它们签署了《吕纳维尔条约》（Treaty of Lunéville）。这时，波兰军团达一万五千人。波兰军团的结局非常悲惨。波兰军团在拿破仑的表弟查理・勒克莱尔（Charles Leclerc）指挥下，前往西印度群岛的圣多明戈镇压杜桑・卢维图尔（Toussaint l'Ouverture）领导的黑人起义。这是一场没有结果的镇压。杜桑・卢维图尔具有塔德乌什・科希秋什科一样的爱国热情，他也出身贵族。查理・勒克莱尔和他的军队都命丧黄热病。只有为数不多的人能返回欧洲。有人认为，拿破仑对失去波兰军团和他的表弟未感遗憾，因为他派这些人去西印度群岛的目的就是让他们丧命。

1806 年，普法战争爆发，再次点燃了波兰人复国的希望。这时，拿破仑向波兰人许下一些模糊的承诺。一个新的波兰军团组建了起来。从俄国监狱出来、一直流亡在外的塔德乌什・科希秋什科拒绝加入波兰支持拿破仑的运动。塔德乌什・科希秋什科说："这是专制对专制的运动！波兰人在国内已经受够独裁，没有必要再远赴他乡，以鲜血为代价追逐这种独裁。"

1806 年 10 月 14 日，大败普军主力的耶拿－奥厄施泰特战役（Battle of Jena-Auerstedt）后，拿破仑指挥的法军开始威胁普鲁士波兰（Prussian Poland）的安全。拿破仑大军尚未抵达波兰，波兰起义就爆发了，在一万五千立陶宛人的援助下，波兰人将普鲁士人从卡利什（Kalisz）和其他要地赶走。11 月 17 日，拿破仑率法军进入波兹南，受到当地居民的热烈欢迎。于是，拿破仑发布了一个含糊而令人费解的宣言：

拿破仑的表弟查理·勒克莱尔。查理·勒克莱尔率领波兰军团镇压海地起义失败。弗朗西斯·金森（François Kinson，1770—1839）绘

波兰军团与海地起义军浴血奋战。奥古斯特·洛夫特（Auguste Raffet，1804—1860）绘

海地起义领袖杜桑·卢维图尔。绘者信息不详

法军在耶拿—奥厄施泰特战役中大败普军，夺取普军的军旗。绘者信息不详

> 波兰的王权能否再次重建？伟大的波兰民族能否恢复存在、实现独立？波兰能否从坟墓的深处爬出、恢复生机？只有掌握万事万物的上帝，才是这个伟大政治问题的仲裁者。然而，毋庸置疑，再没有比这件大事更令人值得纪念、更有趣的了。

该宣言既不能鼓舞波兰人，也不具有说服力。拿破仑似乎对波兰没有采取任何措施。关于波兰独立问题，他总是反复无常，他的决定时常随着符合他的利益变化而变化。现在他似乎支持波兰独立。1807 年 1 月 14 日，普图斯克（Battle of Pułtusk）战役结束后，拿破仑的军队进入了华沙，普鲁士波兰脱离了普鲁士的统治。

很快，临时政府在华沙成立。临时政府统治的区域包括 1793 年第二次瓜分波兰和 1795 年第三次瓜分波兰时普鲁士获得的领土。不久，俄法战争爆发。波兰人期待拿破仑趁此良机重建古老的波兰王国，希望拿破仑号召波兰人奋起反抗。但拿破仑并没有这样做。显然，他不希望与俄国打一场死拼到底的战争。1807 年 6 月 14 日，拿破仑率法军在弗里德兰（Friedland）大败俄军。之后，法俄两国和解；法国、俄国和普鲁士签订《提尔西特条约》（Treaty of Tilsit）。该条约确保了除西普鲁士以外，包括波兹南和华沙在内的普占波区的独立。通过该条约，拿破仑在普鲁士和俄国之间建立了华沙公国（Grand Duchy of Warsaw）。华沙公国拥有约三百万的人口。萨克森国王成为华沙公国大公。拿破仑颁布了开明的新宪法，废除了波兰农奴制度。11 月 16 日，萨克森国王接管了华沙公国，任命一个全由波兰人组成、对议会负责的政府。约瑟夫·波尼亚托夫斯基（Józef Poniatowski）被任命为华沙公国军队的统帅。1809 年 3 月，波兰议会召开。议会在绝大多数议员同意的情况下，将《拿破仑法典》引入华沙公国。

1809年，奥地利再次向法国宣战。奥地利弗雷德里克大公（Archduke Frederick）率三万大军进入华沙公国，与波军激战后占领华沙。约瑟夫·波尼亚托夫斯基发挥卓越的军事才能，率一小支波军，勇敢地挺近加利西亚，然后扯起了抵抗奥地利入侵的大旗，受到当地波兰人民的响应与支持。最终，弗雷德里克大公被迫率军撤出华沙。约瑟夫·波尼亚托夫斯基控制了整个加利西亚。在拿破仑的同意下，他在加利西亚组建了临时政府。

与此同时，拿破仑率法军攻入奥地利。1809年7月6日，他在瓦格拉姆（Wagram）打败奥地利。根据接下来签订的《维也纳条约》，加利西亚的四个组成部分中的两个——克拉科夫和桑多米尔并入华沙公国，另外两个归俄国，而珍贵的维利奇卡盐矿（Wieliczka）则由奥地利和华沙公国共有。

于是，随着加利西亚三分之二领土的并入，华沙公国的领土得到扩展。俄国不但保留了之前在瓜分波兰中获得的领土，而且从奥地利方面扩大了领土。波兰版图的瞬息变化或许可以视为对命运多舛的波兰的重新瓜分。其间，华沙公国获得名义上的独立，但实际上依附于法国，受法国大使操控，公国的军事指挥权属于拿破仑，但在其他方面享有自治权。波兰人民似乎因为之前数年的复国努力而筋疲力尽了。法国驻华沙大使德普拉特（de Pradt）在他的《回忆录》中写道：“还有什么能超过波兰各个阶层遭受的痛苦？军队付不起军饷。官员衣衫褴褛。华沙最好的住宅被夷为废墟。大地主们都因缺钱养活不了家人，纷纷被迫离开华沙。”

然而，在这种情况下，波兰人民却向拿破仑上缴了强加给他们

拿破仑在华沙公国颁布新宪法。马尔塞洛·巴恰雷利（Marcello Bacciarelli，1731—1818）绘

奥地利弗雷德里克大公。约瑟夫·克瑞胡波（Josef Kriehuber，1800—1876）绘

约瑟夫·波尼亚托夫斯基指挥波军与奥军激战。沃伊切赫·科萨克（Wojciech Kossak，1856—1942）绘

的巨额军费。波兰人民希望，他们的家园不久能恢复如前。1812年，拿破仑再次对俄开战，大规模远征俄国，这一切貌似朝着波兰人民期待的方向发展。面对波兰人民对法国的充分支持，拿破仑公开宣布了恢复波兰之前领土的打算。他命令热罗·杜洛克（Géraud Duroc）元帅，凡是与该目标相左的，一律摒除，并向波兰人民宣示法国皇帝对波兰复国事业的关心。然而，有充分理由相信，拿破仑并非真的关心波兰。大军进入普鲁士波兰或立陶宛时，拿破仑没有向这些地区的波兰人民做任何承诺。他与弗朗茨二世签署秘密条约，同意将加利西亚割让给奥地利，以此换取伊利里亚的一些省，而沙皇亚历山大一世通过承诺给予立陶宛自治权，来“成全”拿破仑给波兰人设计的阴谋。

1812年6月20日，华沙公国召开了议会。德普拉特在议会上发表了一份拿破仑口述的演讲。演讲中多次出现“波兰王国”这样的字眼，这极大地激发了华沙和其他地区波兰人民的热情。于是，波兰人民纷纷参军，波兰军队兵力大增。最后，约瑟夫·波尼亚托夫斯基率领近八万波军，同法军一起进攻俄国。

拿破仑的大军进入立陶宛。6月9日，拿破仑的大军抵达立陶宛首府维尔纳（Wilna）。华沙议会代表团拜见了拿破仑，并向他呈送了一份他此前亲自口述的演讲。对此，拿破仑用含糊的措辞给予了下面的答复：

在这种情形下，还有许多利益需要我调和，还有许多义务需要我履行。波兰遭受第一、第二和第三次瓜分时，如果我在法国当权，我愿意将法国人民武装起来支持你们……我热爱你们的国家。在过去的十六年里，我一直同

> 你们的战士在意大利和西班牙战场上并肩作战。我为你们的成绩喝彩。我非常认可你们希望做出的努力。在我的权限范围内，我将竭尽所能地支持你们……自从我第一次访问波兰以来，我一直表达着相同的意思。在此，我必须补充说明，我已经向奥地利做出确保奥地利主权完整的承诺，我不允许奥地利通过和平手段获得的波兰省发生任何混乱，况且这些波兰省依然处于奥地利的统治下。让立陶宛、萨莫吉希亚（Samogitia）、维捷布斯克（Witepsk）、波洛克、莫西洛（Mohilow）、沃汉尼亚（Wolhynia）、乌克兰和波多利亚等地充满活力，就像我在大波兰看到的那样。上帝会让你们的事业圆满成功，回报你们对祖国的热爱。我对你们的事业充满热情。我的许多言论已经向你们表明，无论什么情况下，你们或许都能获得我的尊重和保护。

拿破仑的答复闪烁其词，在立陶宛没有激发任何人的热情。他号召波兰人参军去抵抗俄国，但却没有得到回应。进入俄属波兰时，拿破仑向军队发表演讲，将俄国说成波兰的敌人。士兵按照他的指示，实施了暴行。大军所到之处，满目疮痍，村庄被烧，男人被杀，妇女遭强暴。

约瑟夫·波尼亚托夫斯基指挥的波兰军队成为法军第五军团。该军团在斯摩棱斯克（Smolensk）、博罗季诺（Borodino）、卡卢加（Kalouga）和其他战场上战功卓著。后来，在撤退过程中，该军团同法军一起经历了所有的恐惧。当最终同残余的奥地利军队一起抵达克拉科夫时，八万参战的波兰士兵仅剩三千。华沙被抛弃后，波兰政府树倒猢狲散，官员们如鸟兽散。俄军未遭任何抵抗便占领了波兰。尽管历经灾难，约瑟夫·波尼亚托夫斯基仍然在克拉科夫召集了一万五千人，其中有五千名骑兵，投入到1813年拿破仑在萨克森（Saxony）损失惨重的战役中。这支军队成为拿破仑的第八军团，参加了德累斯顿（Dresden）战役和莱比锡（Leipzig）战役。莱比锡战役法军失败后，约瑟夫·波尼亚托夫斯基负责掩护主力撤退。波军尚未撤过埃尔斯特河，跨河大桥便被摧毁了。许多波兰士兵奋力游过河，才得以逃生。这件事发生的四天前，约瑟夫·波尼亚托夫斯被封为法国元帅，作为对他卓越的领导才能的嘉奖，而此时他却溺亡了。据说，他宁愿用这种方式死去，也不愿在惨败中苟存。临死前，他说道："上帝将波兰人民的荣誉交由我保管。只有面对上帝，我才能放弃这份荣誉。"波军为数不多的幸存者跟随拿破仑参加了1813年10月30日的汉诺（Hanau）战役，1814年，又跟随拿破仑前往巴黎。据说，在同年的法国战役中，他们中的一些人继续为拿破仑效力。1815年，他们的身影出现在拿破仑在滑铁卢（Waterloo）遭遇的最终的覆没之战中。

与此同时，俄国占领了包括加利西亚和波兹南在内的华沙公国。1814年4月9日，塔德乌什·科希秋什科代表波兰人民向亚历山大一世发出呼吁：

> 我请求得到您三方面的支持：一是在没有任何限制条件下大赦波兰人，如果流散在异国他乡的波兰农奴回到他们的家园，请给予他们自由；二是尊敬的陛下，您将自封为波兰国王，颁布接近于英国的自由宪法；三是您将建立福利学校，教育农奴；十年后农奴的劳役解除，他们或许能充分地享有他们的财产权。如果我的祈祷能够实现，我

拿破仑在华沙公国颁布新宪法。卡尔·韦内特（Carle Vernet，1758 —1836）与雅克·弗朗西斯·斯韦巴克（Jacques François Swebach，1769—1823）绘

莱比锡战役中，约瑟夫·波尼亚托夫斯率领波军发起冲锋。理查·卡顿·伍德维尔（Richard Caton Woodville，1856—1927）绘

掩护主力撤退后，约瑟夫·波尼亚托夫斯基率领波军撤退，前方就是他溺亡的埃尔斯特河。理查·卡顿·伍德维尔（Richard Caton Woodville，1856—1927）绘

汉诺战役。绘者信息不详

将亲自（带病）匍匐在尊贵的陛下的脚下感谢您，您将成为我要效忠的第一位君主[①]。

亚历山人一世在他的亲笔信中回复道：

将军，回复你的来信，我感到非常高兴。你的愿望将一一实现。在全能上帝的帮助下，我相信，你勇敢而值得尊敬的民族将获得重生。我已经许下庄严的承诺，贵国的幸福一直装在我的心中……将军，看到你，我的助手，完成了这些有益的劳动，我是多么满意啊！你的名字，你的品格，你的才华，将成为我强有力的支持。

后来，亚历山大一世按照自己的承诺，尽其所能地行事。法军中的波兰人也被允许与俄军一起回波兰。他们听从君士坦丁大公的指挥。回到波兰后，他们有权选择继续留在军队为俄国服役或还乡。

1814年7月，亚历山大一世回到圣彼得堡，接待了立陶宛代表团。在会见中，他说道："告诉你的选民，一切都已经被忘却，并得到我的谅解。你的选民肯定不会怀疑我对他们的关心和我渴望看到他们过得幸福的诚意。"

① 奥金斯基：《奥金斯基回忆录》，第4卷，第175页。——原注

第十四章

CHAPTER

维也纳会议对波兰的重新瓜分

精彩看点

维也纳会议召开—亚历山大一世是理想主义者—克莱门斯·冯·梅特涅—利物浦伯爵代表英国政府起草的备忘录—俄国与普鲁士的领土交易—奥地利的仇视和反对—克莱门斯·冯·梅特涅的折中办法—列强对战后格局的安排—《维也纳条约》签订—滑铁卢战役—《维也纳条约》对波兰领土的安排

1814年，战争结束了。拿破仑被迫退位并前往厄尔巴岛（Elba）后，欧洲各国代表在维也纳召开会议。9月，欧洲各国代表齐聚维也纳，旨在确定欧洲未来版图。波兰人没有直接派代表与会。诡谲的是，波兰人复国的要求却由亚历山大一世在维也纳会议上提出。

拿破仑在厄尔巴岛。绘者信息不详

亚历山大一世与他的某些先王和后世之君很像，是理想主义者。在尊重民主和顺应民意方面，与会议中其他国家的代表相比，他的观念都更超前。他深切同情波兰人民遭遇的不幸，并向他们做出了承诺。他让当时杰出的波兰人、他终生的朋友亚当·查尔托雷斯基（Adam Czartoryski）担任他的顾问，伴他左右。

亚历山大一世因伟大的人格而主导了整个会议。在会议上，亚历山大一世拥有非常重要的地位，因为俄军实际占领了整个华沙公国和萨克森王国。虽然弗朗茨二世盛情款待了其他国家的君主和大臣，但他将谈判事宜交给外交大臣克莱门斯·冯·梅特涅

克莱门斯·冯·梅特涅。绘者信息不详

（Klemens von Metternich）处理，这个决定非常明智。克莱门斯·冯·梅特涅是非常精明的政治家，在欺诈外交和反动政治上，他是考尼茨公爵和冯·图古特名副其实的接班人。英国和法国的与会代表分别是卡斯尔雷勋爵（Lord Castlereagh）和塔列朗伯爵（Prince Talleyrand）。为了了解在我们所关注的波兰问题中卡斯尔雷勋爵扮演的角色，我们最好引述利物浦伯爵（Earl of Liverpool）代表英国政府起草的备忘录，该备忘录也是卡斯尔雷勋爵的行动指南。

> 毫无疑问，将波兰王国恢复成1792年的样子、君主立宪政体的独立国家，这本身是最公正、最令波兰人民满意的一项方案。
>
> 然而，我们有权要求俄国、普鲁士和奥地利让出它们各自瓜分到的波兰领土吗？这些领土已经成为它们领土的一部分，而且继续作为它们领土的一部分。因此，答案肯定是否定的。我们或许可以向俄国、普鲁士和奥地利提出这样的建议，但除此之外，我们无能为力。因为不管瓜分波兰多么不公正，但如果慎重考虑，我们就会发现，要求俄国、奥地利和普鲁士放弃既得利益多么不切实际。面对它们已经获得这些领土的现实，如果我们再去反对，那多么不合时宜。在最近五年、十年或者二十年时间内，在我国与俄国、奥地利和普鲁士和平相处、与其中某些国家结盟的时期，我们无权要求它们交出已经瓜分到的波兰领土，或者要求它们放弃已经成为它们领土的权利。
>
> 因此，我们现在唯一有权处置的部分是华沙公国。该公国的命运悬而未决。

塔列朗伯爵。绘者信息不详

利物浦伯爵。托马斯·劳伦斯（Thomas Lawrence，1769—1830）绘

> 显然，华沙公国的命运或许由以下三个原则中的一个决定。第一，俄国、普鲁士和奥地利共同瓜分华沙公国，让华沙公国成为它们各自领土的组成部分。第二，华沙公国由大公统治，保持独立。第三，华沙公国作为独立国家并入俄国、普鲁士和奥地利中的任意一国，从目前情形看，这个国家一定是俄国[①]。

该备忘录详细地讨论了以上三种方案，其结论部分认为第三个方案对欧洲最有利。

由此看来，维也纳会议认为波兰独立或者华沙公国独立绝无可能。亚历山大一世不会听从上述任何建议。据说，他用手指着波兰地图说："这是我的。"奥地利的行为似乎令他特别愤怒。他说："我会将应该给的东西给普鲁士，却不会将一个村庄给奥地利。我占领了华沙公国，并派四十八万大军驻守。"亚历山大一世坚持要求将 1793 年以前肢解的波兰领土合并，建立一个王国，该王国成为俄国的藩属，拥有完全自治权。重建的波兰王国包括立陶宛。虽然亚历山大一世提出的宏伟计划并不受他的大臣们欢迎，但他却执意坚持这个计划。按照该计划，波兰王国的领土应包括奥地利、普鲁士 1772 年、1793 年和 1795 年瓜分到的所有波兰领土。该提议遭到奥地利、普鲁士的强烈反对。英国支持奥地利、普鲁士。法国代表塔列朗伯爵也对此持反对意见，他的主要目标是促使与会代表不和与相互猜忌。

后来，亚历山大一世同意普鲁士兼并萨克森王国，作为普鲁士

① 该备忘录详载于《利物浦伯爵传》中。《利物浦伯爵传》：第 2 章，第 37 页。——原注

让出波兰领土的补偿，从而取得普鲁士的支持。然而，这招致不希望看到普鲁士在德意志扩张领土的奥地利更加仇恨和反对。德意志的一些小国家也提出强烈抗议。为了迫使与会代表听从他的建议、实现宏伟的计划，亚历山大一世令驻萨克森俄军统帅列普宁（Repnin）

沙皇亚历山大一世。弗朗茨·克鲁格（Franz Krüger，1797—1857）绘

将萨克森王国交由普鲁士接管，命他率军进驻华沙，封他为波兰国王，要求他制定实行完全自治的波兰宪法。换句话说，亚历山大一世通过与普鲁士协商，背着其他国家，执行了他此前在维也纳会议上提出但未通过的计划。他的意图为人所知后，引起其他与会代表的强烈愤怒和不满。接着，除了普鲁士以外，其他国家结成同盟，签署秘密条约共同对抗俄国。维也纳会议接近“崩溃”的边缘。毫无疑问，俄国和其他国家的战争一触即发。然而，最后时刻，要求谨慎对待、呼吁协商解决的建议占据上风。面对巨大的压力，亚历山大一世降低了对重组波兰的要求。人们发现，如果将普鲁士占领的部分波兰

领土还给波兰，以此换取萨克森的部分领土，普鲁士其实非常愿意。

最终，克莱门斯·冯·梅特涅采用折中的办法提出的计划得到其他国家的认可和赞同。该计划相当于重新瓜分了波兰。从很大程度上讲，亚历山大一世对波兰人民慷慨的“打算“被搁置了。除已建成独立的共和国并受各大国保护的克拉科夫及其周边地区外，加利西亚重新回到奥地利统治之下。波兹南、但泽和托伦再次划给普鲁士，普鲁士同意用1795年获得的包括华沙城在内的波兰部分领土换取萨克森王国约三分之一的领土。华沙公国的剩余部分受其宗主国——俄国的统治。根据亚历山大一世的建议，华沙公国高度自治。华沙公国包括华沙和俄占波区。俄国直接统治立陶宛和古波兰王国其他一些斯拉夫人聚居的省。

拿破仑离开厄尔巴岛。约瑟夫·博姆（Joseph Beaumer，1796—1885）绘

我们在此没有必要详述会议中其他领土扩张的情况。普鲁士重新获得了莱茵河左岸的省。法国被限制在1792年以前的的边界上，但获得了阿尔萨斯和洛林。比利时没有重归奥地利统治，而是被并入荷兰王国。奥地利获得了伦巴第和威尼西亚。挪威没有重归丹麦统治，而是由瑞典统治。英国继续拥有马耳他和赫里戈兰（Heligoland）。爱奥尼亚群岛（Ionian Islands）受英国保护。除《维也纳条约》划给英国的领土外，英国获得了战争期间法国、荷兰和西班牙的大部分殖民地。

1815年2月11日，各大国就有关波兰的议题最终妥协。四天后，卡斯尔雷勋爵离开维也纳回到伦敦。

他的同僚迫切需要他参加下议院的问题讨论会。惠灵顿公爵取代了卡斯尔雷勋爵出席维也纳会议。2 月 25 日，拿破仑逃离厄尔巴岛。在法国登陆时他说的第一句话是：“解散国会。”这是他深思熟虑的愿望，但并未按照他期待的那样实现。3 月 4 日，拿破仑离开厄尔巴岛的消息传至维也纳，这使维也纳会议就少数重要但尚未解决的问题匆忙做出决定。与会的代表们匆匆离去，他们中的许多人参加了数周后在滑铁卢（Waterloo）终结共同敌人的战役。

6 月 11 日，滑铁卢战役爆发前，代表这次会议成果的《维也纳条约》已经签订。然而，人们很早就知道了《维也纳条约》的主要条款，这是因为3 月 20 日卡斯尔雷勋爵在下议院发表了冗长的演讲，为《维也纳条约》的内容做了解释和辩护。在波兰问题上，他特别强调，按照《维也纳条约》，在瓜分波兰领土的俄国、普鲁士和奥地利的

终结拿破仑帝国的滑铁卢战役。路易 · 迪穆兰（Louis Dumoulin，1860—1924）绘

统治下，波兰人民享有自治权。

卡斯尔雷勋爵说：“安抚波兰人的主要任务刻不容缓。波兰人将摆脱困境，重获被剥夺已久的权利。无论波兰之前存在怎样的政治制度，波兰现在都会按照自主的方式进行管理。”[①]

关于这一点，《维也纳条约》中是这样写的：

> 俄占波区、奥占波区和普占波区的波兰人将获得一定的政治权利，并在一定范围内制定一部国民宪法波兰人所属的各政府将考虑赋予他们的权利是否恰当。

在宗主国——俄国的统治下，《维也纳条约》涉及华沙公国的规定如下：

> 除了受其他国家统治的省，华沙公国隶属于俄国。按照公国宪法，华沙附属于俄国，受所有沙皇——他们的后代和继任者——永久统治。沙皇保证，华沙公国享有一定的改革政策。在沙皇赐予的头衔上，公国君主可以加上波兰国王的尊号。

至于立陶宛和波兰王国其他斯拉夫人聚居的省的自治问题，《维也纳条约》中没有提及。虽然亚历山大一世再次合并分给奥地利和普鲁士的领土、重组大波兰的慷慨打算没有得到其他国家的同意，并且最后一轮瓜分波兰已经发生，但实际上，他的许多计划——

① 《议会史》：1815年3月20日。——原注

涉及在俄国监护下给予波兰王国自治权——在维也纳会议上提了出来，并被与会代表通过。

离开维也纳前，亚历山大一世写给华沙的波兰参议院一封信。在信中，他公布了维也纳会议对波兰人民的决定。

> 俄国将以波兰宪法为基础统治波兰。如果保持波兰现状能给各国带来巨大的利益，那么某国独占整个波兰不可能获得允许。但我会竭尽全力缓解分裂带给波兰人的痛苦，在其他方面为波兰求和平、谋幸福。

在亚历山大一世看来，维也纳会议显然赞成俄国、普鲁士和奥地利占领的波兰部分领土实行自治。这种自治是有效的、永久的，并获得欧洲其他国家的认可。

腓特烈·威廉三世对此也持相同的观点。因为1815年5月15日，普鲁士重获波兹南时，腓特烈·威廉三世对该省的人民发表了演讲。他是这样说的：

> 波兹南大公国（Grand Duchy of Posen）人民，你们已经与我的君主政体合为一体，但你们不会被强制抛弃你们的民族。你们将参与到我打算为忠诚的臣民们起草的宪法中。你们将拥有如我的王国其他省所拥有的临时宪法。你们可以继续保留宗教信仰。你们的个人权利和财产将受要求你们在将来深思熟虑后制定的法律的保护。在所有公共场合与德意志人交流时，你们的语言获准使用。你们任何人都能根据自己的能力，有资格在大公国行政机构工作，

1815年维也纳会议主要参会人员——1：惠灵顿公爵亚瑟·韦尔兹利，2：奥廖拉伯爵华金·洛沃·德·西尔韦拉，3：波尔图伯爵安东尼奥·德·萨尔达哈·达·伽马，4：瑞典军事指挥官卡尔·洛维赫姆伯爵，5：诺瓦耶公爵让·路易·保罗·弗朗索瓦，6：奥地利首相梅特涅，7：法国下议院议长安德烈·迪潘，8：俄国外交大臣卡尔·罗伯特·内斯尔罗德，9：帕尔梅拉公爵佩德罗·德·苏萨·霍思坦，10：卡斯尔雷勋爵罗伯特·斯图尔特，11：达尔贝格公爵埃梅里希·约瑟夫，12：奥地利外交大臣约翰·冯·维森伯格，13：俄国外交大臣安德烈·拉兹莫夫斯基，14：斯图尔特男爵查理·斯图尔特，15：西班牙外交大臣佩德罗·戈麦斯·拉布拉多，16：克兰卡特伯爵理查·特伦奇，17：会议记录员瓦肯，18：会议秘书弗里德里希·冯·根茨，19：普鲁士外交大臣威廉·冯·洪宝德，20：卡斯卡特伯爵威廉·肖·卡斯卡特，21：普鲁士首相卡尔·奥古斯特·冯·哈登贝格，22：法国外交大臣查理·莫里斯·德·塔列朗佩里，23：古斯塔夫·恩斯特·冯·斯塔科尔伯格伯爵。让－巴蒂斯特·伊沙贝（Jean-Baptiste Isabey，1767—1855）绘

也可以在我的国家就职，获得荣誉。

通过以上演讲可以清晰的得知，俄国和普鲁士都准备使《维也纳条约》中有关支持它们在既占的波兰领土上实施自治的条款生效。

第十五章 CHAPTER

俄国、普鲁士与奥地利分治下的波兰

精彩看点

君士坦丁大公在华沙的残暴统治—亚历山大一世首次访问波兰—亚当·查尔托雷斯基起草的新宪法—亚历山大一世正式批准新宪法—尼古拉一世反对波兰新宪法—1830 年华沙爆发起义—温和派与革命派—波兰起义被俄军镇压—尼古拉一世的报复—亚历山大二世向波兰人民的让步—俄国直接违反了《维也纳条约》—1863 年波兰起义—1864 年波兰起义失败—俄国在波兰进行大规模的土地改革—波兰俄化的政策—克拉科夫起义—俾斯麦的波兰政策始末

自 1815 年波兰的三个强邻——俄国、普鲁士和奥地利——最终确定瓜分波兰的《维也纳条约》签订以来，一百年已经过去。在本书的结尾，我们最好简要叙述俄国、普鲁士和奥地利如何处置它们各自瓜分到的波兰领土以及如何履行维也纳会议赋予它们的义务。

毫无疑问，亚历山大一世是最真诚、最热切希望恢复并维护波兰独立的人。在俄国的庇护下，他盼着波兰人民拥有代议制自治宪法。事实上，从亚历山大一世接下来对波兰国会所作所为中可以看出，他似乎打算将立陶宛和乌克兰并入俄国。一旦代议制自治宪法在波兰实验成功，他就将之推广到俄国其他地方。当时，如果他的要求在维也纳会议上通过，那么波兰将不会遭受它的三个强邻瓜分。在俄国强大力量的庇护下，波兰王国可能得到保存，而接下来的许多麻烦或许不会出现。

然而，不幸的是，亚历山大一世在落实自己的想法之初就犯了错误。他任命弟弟君士坦丁大公为波军统帅，任命波兰人爱奥纳兹克（Zaionezsk）为总督。而爱奥纳兹克的地位无足轻重，唯君士坦丁大公之命是从。君士坦丁大公是个彻头彻尾的守旧分子，满脑子充斥着反动思维，脾气骄横，反复无常，刚愎自用，既排斥亚历山大一世崇尚的自由主义，又缺乏亚历山大一世那般对波兰人民的同情。他治军严格，为人称颂。他曾这样说道："战争之所以非常可恶，是因为它能宠坏军队。"俄土战争中，他劝说亚历山大一世不要雇佣波兰军队。俄国守旧派代表还有诺沃西尔特索夫（Novosiltsoff）。他非常反动。作为议会议员，他的身份、地位非同寻常。他催促君士坦丁大公对波兰人民实行专制统治。诺沃西尔特索夫被视作"波兰的恶魔"。

1815年11月，亚历山大一世首次访问波兰，受到波兰人民热烈的欢迎。华沙人民对亚历山大一世在维也纳会议上为波兰事业付出的努力耳熟能详。于是，波兰独立的希望之火再次燃起。应亚历山大一世的提议，亚当·查尔托雷斯基起草了一部新宪法。虽然新宪法与1791年宪法非常像，但其内容更先进，最大程度上体现了自由的特征。如果新宪法能够实施，那么波兰人民可能充分获得处理内政的自治权。新宪法规定，波兰议会由两个议院组成，一个议院的议员由沙皇任命，终生任职；另一个议院的议员一半由贵族阶层选举的代表担任，另一半由市民阶层选举的代表担任。议会每两年召开一次；未经议会同意不得征税；大臣们的工作需受议会批准；波兰语可以单独使用；波兰人民的人身自由得到保障；除非按照法定流程进行，否则任何人都不能被任意逮捕、监禁；确保出版自由；坚持宗教宽容；由两万名步兵和六千名骑兵组成的国民军受沙皇任命的将军指挥；总督既可由罗曼诺夫皇室成员担任，也可由波兰人担任；所有行政和军事职位都为波兰人保留；沙皇将加冕成为波兰国王，并庄严宣誓，维护宪法；俄国拥有波兰外交权。如此自由的宪法在当时的欧洲是罕见的。然而，很多人认为，该宪法很难维持。俄国人尚且受着独裁统治，怎会容忍波兰这样的附庸国推行大受欢迎的宪法！塔德乌什·科希秋什科写信向亚当·查尔托雷斯基咨询新宪法的有关情况。在信中，他写道："我一开始就已经预见到事情的结果。俄国人将和我们平等地获得政府的主要职位。波兰人民肯定不会相信这一点。波兰人民迟早会惊恐地发现，波兰的名字将遭到鄙视，俄国统治者会像对待他们的臣民一样对待我们。"[①]人们将看到，塔德乌什·科希秋什科的担忧是有道理的。

亚历山大一世正式批准了该宪法。1818 年，波兰王国召开了第一届议会。亚历山大一世在演讲中说道："你们的希望和我的夙愿都实现了。很久以来，我一直打算向国家公开我的想法。现在，你们使我获得了机会。只要你们证明能胜任，我的想法就会实现。你们的成果也将使我深思我在你们国家推行的这种自由宪法是否支持我的事业、能否得到推广。"

亚历山大一世希望立陶宛部分地区并入波兰王国[②]。议会采用许多有效措施来证明波兰王国存在的必要性。亚历山大一世在王座上亲自发表了演讲，结束了此次波兰议会。在演讲中，他说道："我将忠实地履行我的职责。我的职责是什么，你们都非常清楚。"

然而，亚历山大一世的这番好意被他的弟弟君士坦丁大公完全无视。君士坦丁大公既不理解也不赞成立宪政体。他本质上属于彻头彻尾的独裁者。如果报纸上刊登的文章触怒了他，他就会派兵取缔、查禁。很久以前，他就和议会起了冲突。任何反对或者批评政府政策的议员都将遭到逮捕，锒铛入狱。华沙大学的一些学生发表了自由言论，君士坦丁大公就打压华沙大学。因为第二届波兰议会拒绝

① 弗莱彻：《波兰史》，第 391 页。——原注

② 亚历山大一世的计划是，新的波兰王国管辖的领土不但包括按照《维也纳条约》划给俄国的华沙公国，而且包括叶卡捷琳娜大帝 1795 年吞并的华沙公国以外的、定居者均为波兰人的地区。——原注

通过君士坦丁大公赞成的一些措施，所以一些波兰大臣就遭到了弹劾。1820 到 1825 年，君士坦丁大公通过忽视召开议会的方式，作为对波兰议会拒绝通过他的提议的回应。其间，波兰遭受的沙俄专制统治越来越严苛了。

1825 年，波兰王国召开第三届议会，但议会上争论的问题却被禁止对外公开。在致议会开幕辞中，亚历山大一世使用了冰冷的言辞和警告的语气。这时，因为他深受守旧派的影响，所以对自由原则的大部分热情已经消失殆尽。提交给议会讨论的所有议案都通过了，这显然令亚历山大一世感到欣慰。议会闭会之际，亚历山大一世说：“你们已经完成政府寄予的厚望。我最大的愿望是，使你们相信你们的行动会在将来影响这个国家。”这是他对波兰人民说的最后一句话。没过几周，他就驾崩了，继承皇位的是他最小的弟弟尼古拉，而不是君士坦丁大公。君士坦丁大公本是皇位第一顺序继承人，但所有人都认为他不能胜任俄国皇位，连他自己也这样认为。

亚历山大一世驾崩。绘者信息不详

亚历山大一世在世时，君士坦丁大公已经宣布不继承皇位。尼古拉的年龄比亚历山大一世小十八岁，他完全是另外一类人。他登基后，称“尼古拉一世”。他是一个暴君，丝毫不同情百姓。他在华沙加冕成为波兰国王，根据法律向臣民庄严宣誓，维持他哥哥亚历山大一世通过的宪法。

但加冕仪式结束后，尼古拉一世批准了具有反动倾向的顾问们提出的每条建议，将他的哥哥亚历山大一世推崇的宪法抛诸脑后。于是，随意逮捕臣民的事件大大增多；出版自由被剥夺；行政和军队的所有公职都由俄国人担任；未经议会通过，提高赋税征收额度；垄断行业形成，其产生的收益被政府挥霍一空；取消大臣对议会的责任；准许每五年召开一次议会。实际上，这意味着俄国的专政制度已经推广到波兰。

以上违反宪法精神的行为激起了波兰人民的不满。各行各业的秘密社团数量倍增。1830 年 11 月 29 日，为了声援法国七月革命，

七月革命。伊波利特·勒孔特（Hippolyte Lecomte，1781—1858）绘

华沙爆发起义。波兰军民揭竿而起，君士坦丁大公惊慌失措。他率驻华沙的俄军仓皇逃跑，抛弃了大本营和大量的军火武器。不久，起义席卷整个波兰。波军由约瑟夫·赫洛皮茨基[1]将军指挥。约瑟夫·赫洛皮茨基是拿破仑麾下幸存的退伍军人。波兰召开议会，议员期望在充分认可和维护宪法的基础上，努力打开与俄国谈判的渠道。

约瑟夫·赫洛皮茨基。绘者信息不详

① 约瑟夫·赫洛皮茨基（Józef Chłopicki，1771—1854），波兰将领，1785年参军，1794年参加科希秋什科领导的波兰起义。起义失败后，他远赴法国，加入扬·亨里克·东布罗夫斯基将军的军队。拿破仑战争时期，他参加了许多战役，战功卓著。——译者注

尼古拉一世拒绝与起义军谈判。于是，波兰议会颁布法令，废除罗曼诺夫家族成员的一切职位，成立共和国。现在华沙议会出台的措施与1794年起义爆发时的措施惊人的相似，一样的分歧和派系斗争出现在波兰人民之中。温和派由大地主和富人组成，他们对波兰最终战胜强大的俄国没抱多大的希望。虽然他们支持民族事业，但不愿意走极端，所以竭力抑制疯狂的革命派，希望在《维也纳条约》的基础上采取行动。革命派不愿意同俄国谈判。他们人数居多，是起义的主力。随着起义愈演愈烈，受到怀疑的温和派人士被绞死。虽然派系斗争客观存在，但波兰人民仍然不顾一切为民族事业英勇战斗。约瑟夫·赫洛皮茨基将军辞职，拉齐维尔公爵继任波军统帅。

波兰议会向欧洲各国求援，并用激烈的言辞发表了一份波兰蒙冤的声明。该声明认为，因为俄国已经违反《维也纳条约》，所以波兰人民有权恢复国家独立。英国和法国反对动用武力干预波兰事务，并使用温和的方式向俄国抗议，指出俄国已经违反《维也纳条约》。俄国对此回复道：《维也纳条约》规定的义务是相互的，根据条约，波兰宣布独立就意味着它失去了维持宪法的权利。尼古拉一世厌恶其他国家干涉波兰事务。波兰议会没有呼吁加利西亚和普鲁士波兰的波兰人加入起义，这是因为它不希望引起奥地利、普鲁士的武力干涉。

与此同时，面对波兰人民的挑战，尼古拉一世迅速应对。1831年初，他命迪比奇（Marshal Diebitsch）元帅率领十二万大军进逼波兰。波兰人民英勇抵抗俄军入侵。一开始，与部分俄军的遭遇战中，波军取得了几场胜利，但最终寡不敌众，惨遭失败。这次参加起义的波兰和立陶宛农民似乎比参加1794年起义的少。有关这次起义的文献中，我们没有读到任何关于农民拿起镰刀投入战斗的记载。

起义军主要由小贵族和市民组成。1831 年 5 月 26 日，波军主力在扬·斯克日内茨基（Jan Skyzynecki）将军的指挥下，在奥迪特伦卡（Ostrolenka）大败。不久，迪比奇元帅和君士坦丁大公死于霍乱。迪比奇元帅的职位由精力充沛、意志坚定的伊凡·帕斯卡耶维奇（Ivan Paskievich）接任。9 月 8 日，俄军成功突破了华沙前线。于是，华沙投降。11 月底，起义遭到镇压，起义军被剿清。普鲁士完全支持俄国镇压波兰起义。一个普鲁士大臣说："最好彻底灭亡波兰。"

尼古拉一世通过残忍无情的方式巩固了他的胜利成果。他发表宣言，提出所谓的大赦，但大赦名单里不包括任何直接或间接与波兰起义有关的人。1832 年，亚历山大一世提出的宪法正式被废除。议会被取消；波兰语被禁用；波兰各级政府成为俄国行政部门的一部分，尊奉圣彼得堡的政令；波军并入俄军；行政和军事的重要职位都由俄国人担任；俄国法律被引入波兰法律中；确立了严格的出版审查制度；任意逮捕成为司空见惯的现象；采取一切手段打压罗马天主教；罗马天主教的女修道院被关闭；没收的修道院财产用于世俗化；禁止在教堂中讲波兰语；幸存的学校不再属于波兰人；学校一律用俄语教学。总之，俄国用尽一切手段使波兰俄化。

1832 年 2 月 26 日，尼古拉一世下旨，正式实施以上提到的大部分措施，目的是在俄国力所能及的范围内，将波兰从国家名单上清除。他又下令禁止使用波兰国旗。圣谕颁布之初，俄国甚至采取人口迁徙政策，迫使四万五千个家庭从波兰迁至高加索和顿河。波兰孤儿被征募到俄国殖民地。有上千卷宗记载，充军、没收财产等行为竟然受到嘉奖。没收的财产对外出售时，只允许俄国人竞价购买。波兰难民遍布欧洲各国。据记载，在波兰人缺席法庭的情况下，俄国人用判处他们死刑的方式对付他们。

扬·斯克日内茨基将军。绘者信息不详

奥迪特伦卡战役。绘者信息不详

伊凡·帕斯卡耶维奇。绘者信息不详

华沙投降后，俄军剿杀起义军。马尔钦·扎勒斯基（Marcin Zaleski，1796—1877）绘

俄国在立陶宛同样实施了残忍的政策，因为那里也爆发了声援波兰的起义。莫拉韦埃夫（Mouravieff）将军指挥驻立陶宛俄军，残忍地镇压了立陶宛起义。数千名立陶宛人被流放到西伯利亚。莫拉韦埃夫将军甚至打算迁移所有的立陶宛人，但这没有得到尼古拉一世的批准。

直到1855年克里米亚战争期间，尼古拉一世驾崩以前，俄国对波兰人严苛而恐怖的统治方式没有得到丝毫缓解。尼古拉一世的继任者亚历山大二世对波兰人表现出比较宽松的政策倾向。1861年，在当时杰出的波兰人维尔奥波尔斯基（Vielopolski）侯爵的请求下，亚历山大二世做出一些重要的让步。他同意在波兰设置波兰教育和宗教事务的独立部门，命维尔奥波尔斯基侯爵担任该部大臣。显然，这样做是为了改变或修改使用波兰语的禁令。地方选举委员会正式工作，获得了向中央政府反映地方诉求的权利。

从戈尔恰科夫（Gortchakoff）公爵给英国驻圣彼得堡大使纳皮尔勋爵的陈述中可以看出，亚历山大二世打算进一步执行宽松政策，适当重视波兰语言和宗教，赋予波兰一定的自治权。然而，在华沙发表的公开演讲中，亚历山大二世依然警告波兰人不要抱有幻想。其实，他的改革措施和承诺来得太迟了，波兰人早已牢骚满腹、怨声载道。城镇里，秘密社团的数量再次大增。华沙出现了一个秘密革命组织。该组织指挥刺杀其深恶痛绝的俄国人。另一场起义即将发生。1863年，俄国以法律为依据，批准了征兵制度。一天夜里，被怀疑有不满倾向的两千名波兰年轻人突然被捕，然后被征作新兵，派到西伯利亚和高加索的军事基地服役。这加速了起义的发生。毫无疑问，这是俄国守旧派的伎俩，意欲激怒波兰人，逼迫他们造反。很快，整个波兰陷入混乱，接着爆发大范围的起义。然而，从一开始，这就是一场毫无希望的运动。没有一支波军参加起义，构成抗俄的核心力量。由未经训练的百姓去抗俄，简直是疯狂的自杀。

起义军的唯一希望来自外国对波兰事务的干涉。西欧诸国——特别是英国和法国非常同情波兰。1863 年，英国的两个议院对波兰事务进行辩论。议员们一致认为，俄国直接违反了《维也纳条约》。为了回应舆论，帕默斯顿（Palmerston）勋爵代表英国政府，以《维也纳条约》为依据，发表了一份声讨俄国的抗议书。接着，他给俄国写了一封非常重要的外交公函。起初，俄国命戈尔恰科夫公爵用温和的言辞回复了该公函。戈尔恰科夫公爵指出，波兰人既没有依靠《维也纳条约》，也没有要求改善境遇；除非给予波兰独立，否则他们对一切都不满意，只会诉诸武力去维护波兰的独立；他们坚持认为应该将立陶宛与其他俄占波兰地区合并。戈尔恰科夫公爵认为，俄国不再根据《维也纳条约》统治波兰，而是在 1831 年波兰发生叛乱之际，拥有了统治波兰的权利。同时，他强调，俄国非常愿意以《维也纳条约》为依据，并在条约的范围内同波兰人交流、沟通。

英国外交大臣拉塞尔（Russell）勋爵回复道，亚历山大一世和维也纳会议与会代表深思熟虑后的计划是，赋予波兰一定的管理国家的权利，这与波兰人的感情一致。1815 年，亚历山大一世批准了与该计划相一致的波兰宪法。然而，从此以后，俄国却剥夺了波兰的宗教和政治自由。现在，俄国只是根据最近发生的变化，调整了宪法的部分内容。拉塞尔勋爵指出，对波兰的关注应集中在以下内容：第一，应大赦所有起义者；第二，应赋予波兰民族代表权利；第三，应允许波兰人在政府任职和拥有充分的信仰自由；第四，法律和教育领域应使用波兰语；第五，应制定固定期限的、合法的征兵制度。

戈尔恰科夫公爵回复道，某种程度上，亚历山大一世对波兰的

帕默斯顿勋爵。绘者信息不详

改变与以上五个论点一致，并且俄国打算进一步执行。不过，除非波兰起义被彻底镇压，否则一切无从谈起。戈尔恰科夫公爵给拉塞尔勋爵的回复最终以亚历山大二世的承诺——俄国将秉持最大的善意对待波兰人——结尾："无论他[①]的臣民来自何种种族，信奉何种宗教，向他的臣民提供福祉，是他在上帝面前、他的良心面前、他的子民面前接受的责任。"[②]拉塞尔勋爵对戈尔恰科夫公爵的回复不太满意，坚持自己提出的要求。

拉塞尔勋爵。绘者信息不详

① 指亚历山大二世。——原注

② 此信的内容详载于1863年《年鉴》。——原注

不管是英国人还是法国人，都不会发动战争、支持波兰。因此，这种外交抗议根本没有产生一点效果。在下议院会议上，帕默斯顿勋爵认为英国政府有权制裁违反《维也纳条约》的行为，但没有任何义务积极地去做。该观点得到下议院议员的支持。此外，英国也没有采取措施干预波兰事务的意愿。

与此同时，俄军积极镇压起义。这不是一项容易完成的任务，因为它要镇压的起义者不是一支有组织的队伍，而是大都分散在波兰各地的力量。普鲁士人竭力帮助俄国人。当时，普鲁士首相俾斯麦与沙皇亚历山大二世达成协定——普鲁士同意援助俄国镇压波兰起义，封锁边境，阻止起义者在普鲁士波兰获得支持；如果起义者穿越边界，俄军有权进入普鲁士境内追捕。镇压波兰起义方面的合作使俄国与普鲁士形成了良好的关系。于是，1866 年普奥战争与 1870 年普法战争时，俾斯麦获得俄国保持中立的承诺。

俄军在贝格（Berg）将军的指挥下，没给起义者留下任何容身之地。凡是拿起武器参加起义的人要么被秘密流放，要么被秘密处决。通过这种方式，执行暗杀行动、报复俄国的波兰人和同情、支持波兰起义的俄国人统统消失不见。1864 年 5 月，波兰起义被彻底镇压。严苛的统治比从前更甚了；亚历山大二世 1861 年对波兰人民的让步被全面取消；1863 年，戈尔恰科夫公爵在给拉塞尔勋爵信中的承诺——俄国将秉持最大的善意对待波兰人——没有实现。波兰民族再次遭受灭顶之灾。罗马天主教受到沉重的打压——教会税收的权利被剥夺；四分之三修道院受到限制；乡村牧师成为领薪水的公务员；之前属于教会的土地被拿出来出售，而按照规定，只有俄国人才有资格购买。

俄国在波兰进行了大规模的土地改革，目的是摧毁波兰的贵族

起义失败后，被流放西伯利亚的波兰人。扬·马特吉克（Jan Matejko，1838—1893）绘

俄军屠杀支持波兰起义的人民。绘者信息不详

阶层，使受压迫的农民成为支持俄国的中流砥柱。自农奴制废除以来，农民能够作为佃户持有土地。土地改革授予波兰农民土地所有权。那些忠于俄国的地主会获得赔偿，这些赔偿来自波兰的税收。此外，土地改革中，俄国还故意给农民设计了含糊不清的使用地主林地和荒地的权利。

1866 年，波兰政府被分为四部分，由俄国内政大臣管理。1869 年，按照规定，只有使用俄语，才能处理波兰政务。禁止在教堂、学校、报纸、商店门口，甚至私人谈话中使用波兰语。1874 年，取消总督职权。1876 年，将俄国司法制度引入波兰。至此，使波兰俄化的政策在法律和行政等领域强制实施了。亚历山大二世在位期间继续推行这种政策。尼古拉二世对波兰人采取不同的、较温和的政策。1863 年起义遭到镇压后，流放到西伯利亚、幸存的波兰人获准返回家乡；赋予出版一定的自由；取消禁止波兰语在教堂和学校使用的规定；废除只有俄国人才能购买地主土地的禁令。俄国在其他方面也向波兰人做出了让步。

从起义爆发到现在，波兰呈现出繁荣景象。波兰并入俄国后取消了海关，使两国建立了完全自由的贸易关系。波兰从中获利巨大。波兰商人进入一亿六千万人口、市场开放的俄国赚取了丰厚的利润。波兰拥有珍贵的大型煤场。加之波兰人口基数大、增长快，从而为制造业的发展提供了有利条件。俄国对所有进口经销商征收高额关税，这特别有利于波兰产业的发展。于是，罗兹（Lodz）这样的重工业重镇如雨后春笋般崛起，发展迅速。德国人经常来波兰投资建厂。华沙人口翻了两番。波兰的经济与它和俄国的政治关系密不可分。如果波兰完全独立，废止与俄国的所有联系，重设海关，那么俄国就会通过征收关税来抵制波兰商人，而不是向他们提供便利条件，这将重创波兰的经济。

波兰农民从农奴制中解放出来，成为土地所有者，生活条件大大改善。俄国长期坚持消灭波兰的民族、宗教和语言，以上措施能否调和波兰农民与俄国统治者的矛盾还有待观察。

现在，我们将视线从俄国转向奥地利。《维也纳条约》自生效以来，奥地利对奥占波兰地区采取的措施与俄国截然不同。奥地利一直在加利西亚实施严苛的专制统治，这与维也纳会议的安排不一致。1846 年，已经成为自由市的克拉科夫爆发了土地问题引起的起义。奥地利镇压了起义，然后采取强制措施兼并了克拉科夫自由市。俄国、普鲁士没有谴责奥地利的行为。实际上，奥地利的行动很可能获得了俄国、普鲁士的同意。1866 年，奥地利在加利西亚的政策出现松动——赋予它充分的自治权；组建议会，允许议会使用波兰语和鲁塞尼亚语；确立宗教宽容、平等和出版自由；废除干预学校的计划。波兰和鲁塞尼亚代表有权作为省代表参加帝国国会。据说，生活在加利西亚的波兰人已经成为奥地利帝国忠诚的臣民。

目前，加利西亚是波兰民族的思想中心，是唯一获准用波兰语发表演讲、写作、自由表达思想的地方。这里允许自由发展；这里能够举行与波兰历史有关的庆祝活动。生活在加利西亚的波兰人约占该省人口的百分之六十，掌握着该省的大部分财富。鲁塞尼亚人占少数。有人说，就像其他地方的多数民族一样，波兰人从前一直不公平地对待少数民族，拒绝他们在议会中获得适当的席位，垄断政府的职位。然而，通过两个民族的领导人最近缔结的协定，我们或许能看到两个民族在议会的席位占比是三比二，政府的职位也按照此比例来分配。总的来说，加利西亚的自治是成功的、价值重大的，其他波兰地区望尘莫及。

1846年，克拉科夫起义中正在准备的起义者。绘者信息不详

奥地利残酷镇压克拉科夫起义。绘者信息不详

普鲁士对维也纳会议规定的普占波区的统治与奥地利对奥占波区的统治截然不同。《维也纳条约》签订后的许多年里，普鲁士统治下的波兰人抱怨不多。波兹南的波兰人和其他地区波兰人获准组建了一定数量的地方政府，这种统治方式与普鲁士的邻国相似。波兰农民从施泰恩-哈登贝格（Stein-Hardenberg）土地改革中获益，完全从农奴制中解放出来，永久享有土地收益权。

普鲁士在普占波区的统治巩固后没几年，俾斯麦发现西普鲁士和波兹南的波兰人口相对增加，于是就采取高压政策。1866 年和 1870 年分别爆发的普奥、普法战争中，虽然应征入伍的波兰人竭尽忠诚，为普鲁士的事业英勇奋战，但俾斯麦依然采取一系列德化措施和政策。

1885 年，在俾斯麦的推动下，普鲁士强令境内的所有波兰人出境。当时，许多波兰人已经在普鲁士各行各业中立足，不少已经定居普鲁士多年。现在他们被迫在最短的时间内放弃产业，同家人一起离开普鲁士。驱逐令被严格地执行了。多达三万四千七百名波兰人被无情地驱赶。没有一个人被指控犯了叛国罪。不少人在德军服役多年，隶属于地方军。不少人多年来一直是普鲁士互助救济会的成员，年老后他们有权获得一定的补助，但现在他们应该享有的权利被剥夺。还有不少人因为在普鲁士生活太久而只会讲德语，对他们而言，去俄属波兰谋生非常困难。然而，所有波兰人无一例外地被迫离开家园。

德国以维护国家利益作为其实施驱逐令的借口，称它的领土容纳不了这么多非普鲁士臣民的波兰人。与此同时，它还称也容纳不了石勒苏益格-荷尔斯泰因（Schleswig-Holstein）的丹麦人以及阿尔萨斯和洛林的法国人。对德国而言，限制境内波兰人数的增加是非常有必要的。虽然俾斯麦不允许在帝国国会讨论与此有关的议题，但有议员还是就此事向他提出质疑。该议员引用帝国咨文，称咨文表明，质询的依据是德意志帝国政府按照宪法，有权采取措施阻止普鲁士王国政府下达的驱逐外裔人民的行动。俾斯麦对此补充道，德皇有权驱逐外国人，从而确保日耳曼民族在边境省的地位，抵制外国人涌入，因为外裔人民的定居将损害普鲁士的利益。俾斯麦还认为，这种质询已经完全超过德国议会要求德皇在普鲁士说明他行使主权方式的范畴。之后，俾斯麦同其他普鲁士官员一起离开了议事厅。

1886 年，俾斯麦用德国农民移民至波兰地主土地的方式，进一步使普占波区德化。他设立土地委员会（Land Commission），有权购买土地以及将购得的土地分成小块。一开始，他打算命令土地委员会剥夺地主的财产，没收地主的土地，但在当时的德国，舆论不容许这种做法。虽然国会批准了俾斯麦的议案，但该议案只能在许可的权限内购买地主的土地。于是，大额土地交易便产生了。土地委员会购买土地后进行分割，然后许多德国农民移居过来。波兰人对此勃然大怒，很快就采取对抗行动。随着土地委员会介入土地市场，土地价值被抬高。许多波兰地主高价出售他们的土地，然后用销售收益购买德国地主的土地，接着将这些土地分成小块租给波兰农民。为了对抗俾斯麦的土地政策，波兰银行还向波兰人提供购买德国土地的资金。接下来的二十年，土地方面的纷争从未停息，直到 1906 年。土地委员会和波兰地主较量的结果是：波兰人拥有的土地比德国人更多。因此，俾斯麦减少波兰人土地的政策失败了。波兰人和日耳曼人在经济、社会上的融合也有利于前者增加土地。随着威斯特伐利亚和西里西亚的制造业以及其他产业的快速发展，德国东部的许多工人纷至沓来，而他们放弃的工作由波兰工人取代，于是，波兰人口快速增长，其出生率比欧洲其他任何地方都高。相对英国而言，虽然德国的出生率仍然很高，但近些年出现了下降的趋势。总之，现状是从前只住着德意志人的东普鲁士和西普鲁士的城镇都涌入大量波兰人。虽然俾斯麦推行了移民政策，但在农村地区，波兰人的显著优势却进一步巩固。与此同时，土地委员会发现波兰地主不愿意出售土地，所以购买土地越来越困难了。

1907 年，冯·比洛伯爵（Prince von Bulow）代表普鲁士政府，再次努力抑制波兰人口的增长趋势。他通过普鲁士议会，赋予土地委员会按照当局设定的固定价格，强制购买波兰地主土地的权利。冯·比洛伯爵退休后，出版了一部著作。书中对该政策进行了辩解，同时叙述了他作为帝国首相的个人成就。

按照海因里希·冯·西贝尔和托马斯·卡莱尔的描述，冯·比洛伯爵将波兰独立失败归结为波兰统治阶层的无能、上帝对波兰的惩罚和对德国领土扩张的特别干预。冯·比洛伯爵写道：

> 几个世纪以来，虽然波兰人未能在遵守法律、维护秩序的基础上建立一个强有力的政府，致使波兰丧失了独立和主权，但面对国家悲惨的命运，富有智慧而勇敢的波兰人没有视若无睹。
>
> 如果波兰立陶宛王国能够持续存在，那么东普鲁士、波兹南和西普鲁士的行政统一就不可能发生……作为我们在其他地方损失的补偿，上帝赐予我们的便是我们在东方占有的领土。我们必须并且必定保住这片领地……因为我们极度重视我们的民族。我们必须尊重波兰人，同情他们

对自己民族固守的那份忠诚[1]。

假惺惺地同情了波兰人一番后，冯·比洛伯爵便为购买波兰地主的土地、剥夺波兰人的国民权利进行辩解。

对波兰人的任何担忧，都不会阻止我们在从前的波兰省竭力维护和加强德国民族的权利。没人愿意将我们的波兰人赶出普鲁士王国。然而，确保东部的德国人不被波兰人赶走是普鲁士政府的责任和权利，从而在波兰人中保护、维持并加强日耳曼的民族性。因此，这是一场为日耳曼民族而战的斗争[2]。

普鲁士开始了一场为日耳曼的民族性而战的坚决斗争。在此之前，普鲁士采取预防政策，但在俾斯麦的率领下，普鲁士为拯救、维护以及在可能的情况下壮大东部的德意志民族，开始对波兰人采取攻势。

征用法案（Dispossession Bill）确保土地委员会不受明显的不动产变化的影响。在土地方面的经济斗争中，该法案确保政府对土地强有力的最终控制权。

我们要求波兰的地主以普鲁士国家的利益为重，并迫使他们将土地交给普鲁士政府处置[3]。

① 冯·比洛伯爵：《德意志帝国》，A. 乐文思译，第 257 页。——原注
② 冯·比洛伯爵：《德意志帝国》，A. 乐文思译，第 257 页。——原注
③ 冯·比洛伯爵：《德意志帝国》，A. 乐文思译，第 263 页。——原注

最后引用的这些段落，充分解释了普鲁士政府对它的波兰臣民的最近政策。

1907 年颁布的法律遭到波兰人民的强烈反对。议会中的波兰代表说："尽管我们生活在特别的法律下，并且一直以来这些法律几乎总是有利于波兰人而非德国人。"[①] 尚未有统计资料表明冯·比洛伯爵的《征用法案》实施的结果。为该法案辩护时，他也没有表达它带来的效果。然而，自 1876 年以来，为征收波兰地主的土地，虽然普鲁士已经花费上百万英镑，但在普鲁士波兰地区，波兰人拥有的土地却增加了上千英亩，这意味着该政策失败了。

购买波兰地主的土地、德国人移民波兰省的政策效果令俾斯麦和冯·比洛伯爵非常不满。他们的另一个政策的目标是废止波兰语。1872 年以前，波兰儿童从小学习波兰语。1872 年，通过了一项禁止波兰人使用波兰语、要求儿童只能用德语进行学习的法案。不过，该法案同时允许在宗教教育方面使用波兰语。然而，1888 年，德国又通过了一项法案，规定如果在校学生中德裔学生占绝大多数，那么少数裔学生也应该用德国教义祷告。接着，学生罢课。显然，这受到父母的支持。其间，十万名学生拒绝接受宗教教义。许多学生因此遭受了鞭打，而他们的父母则被罚了款。1899 年，法律进一步规定，禁止担任学校教师的波兰人在他们的家庭圈内使用波兰语。

冯·比洛伯爵为上述措施辩解时说道：

> 虽然我们不希望剥夺波兰人使用本民族语言的权利，但必须尝试这样做，从而让波兰人通过德语来理解德国的

① 言外之意是波兰人仍然反对《征用法案》。——原注

精神。我们必须用不太严厉的方式，继续实施这种政策。我们将根据波兰人反对强度的增强或减弱，来决定我们的政策是更加严格还是缓和。

强迫波兰儿童放弃本民族语言并不是普鲁士为同化波兰人而采取的唯一手段。现在，法庭不允许波兰人用本民族语言辩护，如果波兰人试图使用波兰语，法官就会对他讲的内容充耳不闻。禁止剧院使用波兰语进行表演；不允许波兰人召开露天会议，波兰人须在警察的监督下，才能在建筑物内召开会议；要求波兰人用德化的波兰姓氏。类似的规定以及所有试图消灭波兰语的行为只会招致波兰人更大的愤怒。这些政策的效果与其制定者的期望背道而驰。与移民波兰省的政策相比，这种政策更令波兰人不满。于是，更多的波兰人加入反普鲁士的行列。自从被普鲁士统治以来，波兰农民无疑获得了许多物质利益，所以长期远离争取民族独立的各种运动，但现在被迫与其他波兰同胞一起反对普鲁士。

普鲁士实施的严厉政策表明，德国从未赢得臣属民族的信任和忠诚。不管是普鲁士东部的波兰人，石勒苏益格－荷尔斯泰因的丹麦人，还是洛林的法国人，都认为德国的统治严苛暴虐。因此，他们都对普鲁士充满了憎恨，渴望摆脱德国的束缚。因为普鲁士的政治家不了解这些人的想法，所以既不会试图用同情心去对待异族的百姓，也不会在地方事务上、法律和自治权限内公平地对待他们。

普鲁士对波兰人实施的政策所导致的后果，与奥地利对加利西亚的波兰人推行的调和政策带来的结果，形成了多么强烈的对比啊！冯·比洛伯爵说：“普鲁士是德意志帝国的支柱，是德意志民族的灵魂，所以不可能按照奥地利人‘温和者’的范例来对待德国的波兰人。普鲁士既不会背叛历史和传统，也不会做出任何的让步。”

在此，我们需要反复强调的是，普鲁士的所作所为既直接违反了《维也纳条约》，也违背了1815年普鲁士占领波兹南时腓特烈·威廉三世所做的承诺。从腓特烈大帝时代、俾斯麦时代直至今天，普鲁士的政治家们都理所当然地认为，普鲁士大臣都一致认为，当波兰的利益与普鲁士的利益冲突时，任何条约的义务和国王的承诺都一文不值。

从以上描述可以看出，参加瓜分波兰的俄国、普鲁士和奥地利对待分治之下的波兰人的方式存在多么大的差别啊！在三国中，奥地利是通过赋予波兰人充分的自治权赢得波兰人效忠的唯一国家；德国或者更确切地说是普鲁士，是最不善于统治波兰人的国家。普鲁士政府也是波兰人最憎恨的政府，因为它颁布的与波兰人有关的法案不是由德意志帝国国会而是由普鲁士议会批准通过的。然而，自第一次世界大战爆发以来的过去数月时间里，俄国、普鲁士和奥地利公开承认了它们在1772年、1793年和1795年瓜分波兰时犯下的错误。它们都努力争取波兰人的支持，并发布宣言郑重承诺，如果获得波兰人的支持，就竭力使分裂的波兰重新统一，赋予波兰人彻底的自治权、宗教平等权和波兰语使用权。

上述承诺是由俄国一国还是由奥地利和普鲁士两国来完成，是争论的主要问题之一。对英国而言，可能设想其盟友能够践行这个承诺。情况果真如此，那么重建波兰的任务将由俄国来完成。我们可以推测出，该议题肯定会在欧洲各国的议会上被讨论。无论如何，现在谈论重建波兰的细节似乎为时尚早。回顾历史上对波兰的瓜分和重新瓜分、许下自治的承诺和违背自己的承诺，研究“民族的波兰”的地图，所有一切都表明，许多问题是很难解决的。

腓特烈·威廉三世。在维也纳会议上，腓特烈·威廉三世针对波兰问题做出的承诺悉数违背。弗朗茨·克鲁格（Franz Krü ger，1797—1857）绘

1873 年的俾斯麦。为了加强对普占波兰的统治，俾斯麦推出一系列损害波兰民族利益的政策，但在波兰人民的反对下，基本以失败告终。绘者信息不详

譬如，该如何划定重新统一的波兰边界？为了进出海港，重新统一的波兰是否包括整个西普鲁士？如果答案是肯定的，那么东普鲁士是像从前那样再次从勃兰登堡和德国独立，还是并入重新统一的波兰？

回答这个问题时，最好引用意大利杰出的政治家克里斯皮在自己所著的《回忆录》里记载的、1877 年 9 月 17 日俾斯麦与他谈话时表达的观点：

> 复兴波兰不可能在不损害我们国家部分领土的情况下进行。我们必须放弃托伦和但泽，失去波罗的海的出海口。德国将暴露在俄国眼前。
>
> 在波兰问题上，奥地利没有面临我们这样的困难。我们与波兰独立、重建紧密相连。我们的问题之所以很难解决，是因为不好协调波兰人与生活在波兰、西普鲁士的德国人的利益，也不好处理东普鲁士的情况。我们的地理位置以及包括西里西亚在内的东部省杂居着两个民族的情况，迫使我们尽量减缓解决波兰问题。

随后，俾斯麦又说道：

> 在西普鲁士和波兹南，甚至在西里西亚，满足波兰的任何安排都可能破坏或者分解普鲁士。

从纯粹德国人的观点来看，我们必须承认俾斯麦的论点具有很强的说服力。我们很可能相信，德国决不会忍受将西普鲁士让给重